大家來 大悲戲

編著◎李坤寅

橡實文化
ACORN PUBLISHING

什麼是大悲懺？

大悲懺是藉由持誦大悲咒，

向觀世音菩薩懺悔的佛教修行法門。

清淨的寺廟裡，如雲如蓋的裊裊香煙，

環繞著陣陣海潮的持咒聲。

透過身體的經行、禮拜、唱念，

此時，佛法不再只是文字、思維，

而是以身體所有感覺來掌握、體悟……

僅二個小時的大悲懺，仰仗大悲咒的力量、

觀世音菩薩的慈悲加持，

觸動內心深刻懇切地懺悔，

不但能淨化身心、祛除業障，外在環境的災難也得以消除，

等於修完和觀世音菩薩相關的所有法門。

大悲懺是現代人安頓身心、消除災難的最佳修行法門。

大悲懺是向誰懺悔？

觀世音菩薩是大悲懺的主角，我們是發願持咒向他懺悔，請他護持我們，幫助我們消除罪障。為什麼我們可以依靠觀世音菩薩呢？這要從《千手千眼觀世音菩薩廣大圓滿無礙大悲心陀羅尼經》這部經說起。經上記載，有一次觀世音菩薩向佛陀說：

世尊，我想起無量長遠時間前，有一位佛出現於世，叫千光王靜住如來。他跟我宣說一個廣大、圓滿、無礙、大悲心的陀羅尼，並以金色的手按在我的頭頂上，告訴我：你應該受持這部心咒，這能帶給未來一切眾生廣大的利益安樂。那時，我本來是安住初地的菩薩境界，因為聽聞到這部咒的緣故，直接超越到菩薩八地的境地。當下心中非常歡喜，即刻發誓：假如我未來能利益、安樂一切眾生的話，請讓我立刻生出圓滿具足的千手千眼。才一發完誓，身上便生出千手千眼，並且引起十方大地震動的祥瑞，千佛放出廣大莊嚴的光明，遍照我的身體和無量無邊的世界。

這就是觀世音菩薩以千手千眼示現娑婆世間的由來。「千手」代表觀世音菩薩的悲心，可以救助一切眾生；「千眼」代表觀世音菩薩智慧光芒無處不照，具有拯救大眾的偉大能力。正因為觀世音菩薩是已到達八地的聖者，擁有大悲心救度不分親疏的「一切眾生」，並有大智慧知道怎麼救度，所以我們至誠地向他祈求救護。

大悲觀音像 唐代 范瓊畫（1368-1644）
觀音菩薩頭戴寶冠，寶冠中畫阿彌陀佛，在青色蓮台上結跏趺坐。觀音有三隻眼睛、四十二隻手，每隻手掌中間還畫一隻眼睛，是千手千眼觀音，又稱大悲觀音。本幅右下方雖有唐代范瓊的題款，但是這幅觀音女相的造型與唐代的男相觀音不同，反而和明代的觀音較為接近，所以一般推測它可能是一件明代的畫作。（國立故宮博物院藏品）

大悲懺持的是哪個咒?

　　整部大悲懺的重心,是持誦千手千眼觀世音菩薩的根本咒——大悲咒,全名是「大悲心陀羅尼」,梵文Mahākāruṇikacitta-dhāraṇī,共有84句咒言。一般在大悲懺法會的過程中,會念誦此咒21遍,有時候也會多達108遍。

　　在菩陀洛迦山觀音道場的那場盛會裡,觀音說了擁有此咒的由來後,弟子阿難後來問佛陀,此咒叫什麼名字?佛陀說此咒有種種名字:

(1) 廣大圓滿
(2) 無礙大悲
(3) 救苦陀羅尼
(4) 延壽陀羅尼
(5) 滅惡趣陀羅尼
(6) 破惡業障陀羅尼
(7) 滿願陀羅尼
(8) 隨心自在陀羅尼
(9) 速超上地陀羅尼

　　從名字就能知道這陀羅尼有多大的神力,自外在環境的趨吉避凶,到內在心靈的超脫煩惱,都可如願。這不就是娑婆世間每個人的心願嗎?

　　我們常見的漢文經書所記載的84句大悲咒,大部分是梵語音譯,也就是用漢文記下一句句的發音,而沒有譯出咒語的意思。但現在隨著大家對梵語的學習和瞭解,已能逐一譯出每一句,讓我們在持誦時可以稍稍體會咒語的意思。不過,持咒最大的關鍵在於專注於一,才能與咒語共振、相應。

千手千眼觀世音菩薩大慈心陀羅尼經 局部圖
明代(1368-1644)
由故宮所收藏的這本《大慈心陀羅尼經》,經文幾乎與《大悲心陀羅尼經》完全一致,只是經文中所有「大悲」之處皆改為「大慈」。可見此二經實為同本。經中亦有「大悲心陀羅尼咒」。
(國立故宮博物院藏品)

食常得豐足十者恒浔他人恭敬扶接十
一者所有財寶無他劫奪十二者意欲所
求皆悉稱遂十三者龍天善神恒常擁衛
十四者所生之處見佛聞法十五者所聞
常誦持勿生懈怠觀世音菩薩說是語已
正法悟甚深義若有誦持大慈心陀羅尼
者浔如是等十五種善生也一切天人應
於眾會前合掌正住於諸眾生起大慈心
開頴含笑即說如是廣大圓滿無礙大
心陀羅尼神妙章句陀羅尼曰
南無喝囉怛那哆囉夜哪 南無阿唎哪
婆盧羯帝爍鉢囉哪 菩提薩路婆哪
摩訶薩路婆哪 摩訶迦盧尼迦哪
唵 薩皤囉罰曳 數怛那怛寫 南無
悉吉利埵伊蒙阿唎哪 婆盧吉帝室佛
囉㘄馱婆 南無那囉謹墀 醯唎摩訶
皤哆沙咩 薩婆阿他豆輸朋 阿逝孕
薩婆薩哆那摩婆薩哆 那摩婆伽
摩罰特豆 怛姪他 唵阿婆盧醯盧
迦帝 迦羅帝 夷醯唎 摩訶菩提薩

摩囉 穆帝囄 伊醯移醯 室那室哆
阿囉嗲佛囉舍利 罰沙罰嗲 佛囉
舍耶 呼嚧呼嚧摩囉 呼嚧呼嚧醯利
娑囉娑囉 悉唎悉唎 蘇嚧蘇嚧
菩提夜菩提夜 菩馱夜菩馱夜 彌
唎夜 那囉謹墀 地唎瑟尼那 波夜
摩那 娑婆訶 悉陀夜 娑婆訶 摩
訶悉陀夜 娑婆訶 悉陀喻藝 室皤
囉夜 娑婆訶 那囉謹墀 娑婆訶
摩囉那囉 娑婆訶 悉囉僧阿穆佉耶
娑婆訶 娑婆摩訶阿悉陀夜 娑婆訶
者吉囉阿悉陀夜 娑婆訶 波陀
摩羯悉哆夜 娑婆訶 那囉謹墀
皤伽囉耶 娑婆訶 摩婆利勝羯囉夜
娑婆訶 南無喝囉怛那哆囉夜
南無阿唎哪 婆盧吉帝 爍皤囉夜 娑婆
訶 唵悉殿都 漫哆囉 跋馱耶 娑
婆訶

誰來參加這場懺法？

　　任何的佛教法會，都要佛、法、僧三寶俱足。在大悲懺法會中，「僧」是指出家法師們，「法」是指《大悲懺本》，而「佛」可不是只有供奉在大殿內的佛像，而是《大悲懺本》中迎請的諸佛、菩薩及賢聖們都會降臨現場。因此法會的現場，除了帶領法會的法師以及信眾之外，可說是諸佛菩薩齊聚一堂呢！

　　「觀想」是拜懺的關鍵，參加者依著法本迎請、供養諸佛菩薩，觀想自己與諸佛菩薩聚集盛會，發願持誦大悲咒、懺悔、清淨身心。《大悲懺本》迎請參與盛會的佛菩薩包括：

- ●**諸佛**：釋迦牟尼佛、阿彌陀佛、千光王靜住世尊、過去九十九億殑伽沙諸佛、過去無量劫正法明世尊、賢劫千佛三世一切諸佛世尊。
- ●**諸菩薩**：觀世音菩薩、大勢至菩薩、總持王菩薩、日光菩薩、月光菩薩、寶王菩薩、藥王菩薩、藥上菩薩、華嚴菩薩、大莊嚴菩薩、寶藏菩薩、德藏菩薩、金剛藏菩薩、虛空藏菩薩、彌勒菩薩、菩賢菩薩、文殊師利菩薩、十方三世一切菩薩。
- ●**賢聖眾**：摩訶迦葉等無量無數的大聲聞僧、法智大師。
- ●**護法眾**：善叱梵摩、瞿婆伽天子護世四王、天龍八部、童目天女、虛空神、江海神、泉源神、河沼神、藥草樹林神、舍宅神、水神、火神、風神、土神、山神、地神、宮殿神等，以及守護持咒的一切天龍鬼神各及眷屬。

釋迦牟尼佛與八大弟子、八大菩
明代（1368-1644）
（應真藏 許志平先生提供）

拜大悲懺有什麼利益？

　　大悲懺是人人都可以親近的懺法。對於不太懂佛法、沒讀過佛經的人，大悲懺能夠幫忙自己清淨身心、滿足心願；對於實修佛法的人，大悲懺則可以幫助自己專注，進入止觀。因此無論是佛法初學者或精進者，都可從大悲懺法會提升身心狀態。

　　拜懺的功德好處說不盡！在《大悲心陀羅尼經》裡，觀世音菩薩表示，為了讓一切眾生獲得十種利益而說大悲咒。這十種利益是：

(1) 為諸眾生得安樂
(2) 除一切病
(3) 得壽命
(4) 得富饒
(5) 滅除一切惡業、重罪
(6) 離障難
(7) 增長一切白法諸功德
(8) 成就一切諸善根
(9) 遠離一切諸怖畏
(10) 速能滿足一切諸希求

　　只要至誠發菩提心，持誦「大悲咒」，那麼從世間的安樂到成就佛果的利益，觀音菩薩都會給予無條件幫忙。因此，不管是那些安樂不足的眾生、生病的眾生、希望長壽的眾生、想要富饒財物的眾生、有惡業待解的眾生、常有災難發生的眾生、希望能增長善法的眾生、希望能夠具足善根修行的眾生、想排除心中恐懼的眾生、或希望一切功德都能圓滿的眾生，都能所求如願！

妙法蓮華經觀世音普門品描金插畫
明代宣德七年（1432）
此畫表達出觀世音菩薩對一切眾生
救難無礙的慈悲精神。
（國立故宮博物院藏品）

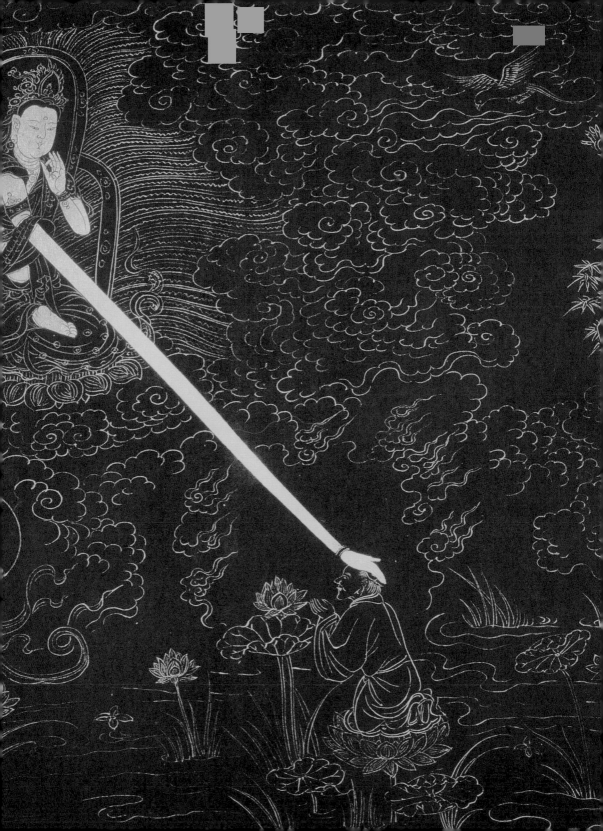

爲什麼我要拜大悲懺呢？

　　假如你經常覺得遇事不順、人緣不好；或生活沒有目標、無法積極思考；或容易失眠、注意力不足；或經常處在糊里糊塗、苦惱、躁動不安等等狀態中，這些現象都表示內心充滿了污垢。如果衣服髒了，我們會用水洗淨，但內心髒了要怎麼辦呢？佛陀表示，內心的污垢來自過去所做的錯事，必須以「懺悔」清洗，也就是對這些錯誤感到懊惱後悔。

　　「人非聖賢，孰能無過」，仔細想想我們在日常生活中，身（行為）、語（語言）、意（思想觀念）在有意無意之間，不知道做錯多少事，說錯多少話，動過多少錯誤的念頭。能夠懺悔，正代表一種勇氣，對生命真誠，對自己負責。佛陀說：「自知有罪當懺悔，懺悔即安樂。」首先承認自己是不完美的人，反省自己錯誤的行為，坦承錯誤，以慚愧心說出來。那麼內心就像染髒的白衣，以清水洗刷過後就能恢復乾淨。

　　當過去的錯誤懺悔清淨之後，內心好像重新洗滌過一樣。你將會發現自己心情突然開朗、輕鬆，待人變得善巧有智慧，處理事情順利、有頭緒、條理，一切輕而易舉。就算偶爾有些不如意的事，也能積極面對，經常一夜好眠呢！《大悲懺》正是藉由持誦「大悲咒」，向觀世音菩薩「懺悔」的修行法門。經常禮拜《大悲懺》懺悔，讓身心保持清晰、平靜、輕安，生活與智慧相應，人生自然能平安順利！

妙法蓮華經觀世音普門品描金插畫
明代宣德七年（1432）
（國立故宮博物院藏品）

念彼觀音力　如日虛空住

哪裡可以拜大悲懺？

　　大悲懺法會在寺院舉行，是屬於集體共修的法門。那麼我們在家裡是否也可以獨自拜懺呢？聖嚴法師在《聖嚴法師教觀音法門》一書中，以自己的經驗表示：獨自拜懺需要具備高度專注與禪定，對一般人並不適合。就好像在海上漂流的一塊木頭，會隨著洶湧的海面東奔西竄，不知漂向何處；但如果是和其他木頭一起綁成木筏，一排排牢牢綁緊，那麼就可以井然有序，安全地抵達彼岸。

　　在拜懺過程中，透過莊嚴的道場、虔穆的信眾、清淨的梵音所連結出的氛圍，容易讓人不自覺地暫時忘記煩惱，專注地思維法義，引發內在的真誠懺悔，達到淨化身心的目的。即使偶爾分神、疲倦，因為有「木頭總是跟著木排走」的巨大凝聚力，很快又能再度融入，達到「拜懺除障」的目的。

　　在台灣，觀世音菩薩是最受人們喜愛的菩薩，「大悲咒」是最受歡迎的咒語，加上拜《大悲懺》全程只需兩個多小時，因此是寺院經常舉辦的法會之一。以下介紹台灣幾個著名的寺院提供參考，這些寺院的拜懺法會時間不一，有些只在特別節日舉行，有些是每天、每週或每月舉行，大家可以選擇適合自己的地點、時間，前往參加。

可以拜大悲懺的幾個寺院

寺院	法會時間說明		聯絡方式
法鼓山	法鼓山是觀音道場，全省道場固定舉辦大悲懺法會。相關資訊可見網站「法鼓山全球資訊網/全球事業體介紹」。（http://www.ddm.org.tw/ddm/homepage/index.aspx）	台北縣金山鄉三界村7鄰半嶺14-5號	02-2498-7171
佛光山	全省道場舉行大悲懺法會的時間不同，有些是每月固定舉行，有些則是在特別節日舉行。相關資訊可見網站「佛光山全球資訊網/弘法事業/全球道場」。（http://www.fgs.org.tw）	高雄縣大樹鄉興田村興田路153號	07-6561921 #6213
承天禪寺	農曆每月的第一個星期天上午，固定舉行大悲懺法會。	台北縣土城市承天路96號	02-2267-5676 02-2267-1789
法界佛教會	台北道場 每週二、四、六固定舉行大悲懺法會。週二、六是19:00-20:30；週四是14:00-15:30。	台北市忠孝東路六段85號11樓	02-2786-3022
	台中道場 每週五，19:10開始舉行大悲懺法會。	台中市中清路110之28號3樓	04-2426-2499
	高雄道場 每週二，19:30-21:30舉行大悲懺法會。	高雄市苓雅區中正一路255號3樓之1	07-7223542
海明寺	每日早課固定舉行大悲懺法會，或「觀世音菩薩聖誕」等法會前也會舉行。	北縣樹林市海明街22號	02-26812839 02- 26835144

＊2009年10月製表

目錄

Part ❶ 基本認識

正式拜大悲懺前，我們該有哪些準備？有哪些入門知識要先瞭解呢？這就像即將展開一趟旅程，上路前應該先弄清楚：我的目的地在哪裡？為什麼要去？路上可能會遇到哪些困難？……拜《大悲懺》的道理也一樣，準備工夫做足了，可以預期即將展開的會是一場精彩、收穫豐碩的心靈旅程！

Part ❷ 大家來讀大悲懺

拜大悲懺可得到多少效果和功德，端看我們對內容的瞭解和掌握程度。若能事先學習懺文，深入思維當中的法義，拜《大悲懺》時，這些學習將會轉化為一股強大的力量，策動我們專注禮拜，快速進入懺文世界，達到最佳的拜懺效果。

Part ❸ 大悲懺法會面面觀

在大悲懺法會的懺悔儀式中，透過身禮拜、口念誦、意觀想，將先前學習、思維的法義，轉而以身體所有感覺來掌握、體悟。本章將具體介紹大悲懺法會的各種事儀，讓我們能更快融入法會氣氛，觸動深刻懇切地懺悔，清除內心的髒垢，重新出發。

大悲懺全文（大悲懺儀合節）

香讚

爐香乍熱。法界蒙熏。諸佛海會悉遙聞。
隨處結祥雲。誠意方殷。諸佛現全身。
南無香雲蓋菩薩摩訶薩。（三稱）
南無本師釋迦牟尼佛（三稱）

大悲懺儀合節

（懺堂傳長鐘，觀堂懺師排班。左右向候鐘將畢，接引磬三下，隨唱：「**南無大悲觀世音菩薩**」，閒一字擊引磬一聲。相對問訊，轉身，對佛問訊。訖，立主懺，對者先行入本班，候主懺引眾魚貫入懺堂。先詣證明佛前，逐位拈香、問訊，經行繞壇，至大悲佛座下，拈香如前。主者由懺桌中道繞歸本位，眾將立定。主者先於唱「大」字上擊一磬，又於「薩」字擊磬收佛號。訖，維那滾磬開具，候大磬鳴，眾俱胡跪，注香手爐。再鳴起問訊，引磬二聲，後做此。眾執手爐，主者聲磬，同時起觀：）

當念一切三寶及法界眾生，與我身心無二無別。諸佛已悟，眾生尚迷，我為眾生翻迷障，故禮事三寶。

（觀畢聲將盡，隨按住獨唱。）

一切恭謹，（眾隨合）
一心頂禮，十方常住三寶。（拜起、問訊，置爐主者舉。）
是諸眾等，各各胡跪，嚴持香華，如法供養。（念「華」字，捧盤齊眉，眾同舉。）

願此香華雲，徧滿十方界，一一諸佛土，無量香莊嚴，具足菩薩道，成就如來香。（眾同舉，首句。）

我此香華遍十方，（至「遍」字，散花置盤；執爐，隨默運云：）以為微妙光明臺，諸天音樂天寶香，諸天肴膳天寶衣，不可思議妙法塵，一一塵出一切塵，一一塵出一切法，旋轉無礙互莊嚴，遍至十方三寶前。十方法界三寶前，悉有我身修供養，一一皆悉遍法界，彼彼無雜無障閡。盡未來際作佛事，普熏法界諸眾生，蒙熏皆發菩提心，同入無生證佛智。

（末句眾合，「生」字置爐念畢起立，主者舉拜起、問訊。）

供養已，一切恭謹（胡跪，眾同念，一字一擊引磬。）

南無過去正法明如來，現前觀世音菩薩，成妙功德，具大慈悲於一身心，現千手眼，照見法界，護持眾生。令發廣大道心，教持圓滿神咒，永離惡道，得生佛前。無間重愆，纏身惡疾，莫能救濟，悉使消除；三昧辯才，現生求願，皆令果遂，決定無疑；能使速獲三乘，早登佛地。威神之力，歎莫能窮，故我一心歸命、頂禮。（拜下）

伸述誠懇，隨其智力，如實說之。然所求之事，不可增長生死；所運之心，必須利益群品，維在專謹方有感通，慎勿容易。

　一心頂禮，本師釋迦牟尼世尊（觀云：）

能禮、所禮性空寂，感應道交難思議。我此道場如帝珠，釋迦如來影現中，我身影現釋迦前，頭面接足歸命禮。至禮阿彌陀佛，即云：「阿彌陀佛影現中」云云。禮法想云：「真空法性如虛空，常住法寶難思議，我身影現法前，一心如法歸命禮。」禮僧準上禮佛，但改為菩薩等。唯禮觀音云：「為求滅障接足禮。」此是懺悔主故耳。

　（觀本號畢，維那引磬一聲，眾起。下同例。）

一心頂禮，西方極樂世界，阿彌陀世尊。
一心頂禮，過去無量億劫，千光王靜住世尊。
一心頂禮，過去九十九億，殑伽沙諸佛世尊。
一心頂禮，過去無量劫，正法明世尊。
一心頂禮，十方一切諸佛世尊。
一心頂禮，賢劫千佛三世一切諸佛世尊。
一心頂禮，廣大圓滿無閡大悲心大陀羅尼神妙章句。（三禮）

　（一字拈香，頂字注爐，每次同）

一心頂禮，觀音所說諸陀羅尼及十方三世一切尊法
一心頂禮，千手千眼大慈大悲觀世音自在菩薩摩訶薩（三禮）

一心頂禮，大勢至菩薩摩訶薩。

一心頂禮，總持王菩薩摩訶薩。

一心頂禮，日光菩薩、月光菩薩摩訶薩。

一心頂禮，寶王菩薩、藥王菩薩、藥上菩薩摩訶薩。

一心頂禮，華嚴菩薩、大莊嚴菩薩、寶藏菩薩摩訶薩。

一心頂禮，德藏菩薩、金剛藏菩薩、虛空藏菩薩摩訶薩。

一心頂禮，彌勒菩薩、普賢菩薩、文殊師利菩薩摩訶薩。

一心頂禮，十方三世一切菩薩摩訶薩。

一心頂禮，摩訶迦葉無量無數大聲聞僧。

一心頂禮，闡天台教觀四明尊者法智大師。

一心代為善吒梵摩、瞿婆伽天子、護世四王、天龍八部、童目天
女、虛空神、江海神、泉源神、河沼神、藥草、樹林神、舍宅
神、水神、火神、風神、土神、山神、地神、宮殿神等，及守護
持咒一切天龍、鬼神各及眷屬，頂禮三寶。

（此一段唯啓請用。）

（頂禮畢問訊，主鳴磬，眾胡跪、上香，主按磬舉云：）

經云：「若有比丘、比丘尼、優婆塞、優婆夷、童男、童女欲誦
持者，於諸眾生起慈悲心，先當從我發如是願：（眾隨舉）

（以下一字一擊引磬）

南無大悲觀世音，願我速知一切法！

南無大悲觀世音，願我早得智慧眼！

南無大悲觀世音，願我速度一切眾！

南無大悲觀世音，願我早得善方便！

南無大悲觀世音，願我速乘般若船！

南無大悲觀世音，願我早得越苦海！
南無大悲觀世音，願我速得戒定道！
南無大悲觀世音，願我早登涅槃山！
南無大悲觀世音，願我速會無為舍！
南無大悲觀世音，願我早同法性身！
我若向刀山，刀山自摧折。
我若向火湯，火湯自枯竭。
我若向地獄，地獄自消滅。
我若向餓鬼，餓鬼自飽滿。
我若向修羅，惡心自調伏。
我若向畜生，自得大智慧。

行者想：身對此佛菩薩前，稱念尊名。惟在哀切，如遭焚溺，求於救濟。

南無觀世音菩薩　　南無阿彌陀佛

（稱念稍急、各十聲，至第四、第七高揭，首句、末字俱聲大磬。佛號終，收一下，拜起、問訊。

（主者舉。）

觀世音菩薩白佛言：「世尊！若諸眾生誦持大悲神咒，墮三惡道者，我誓不成正覺；誦持大悲神咒，若不生諸佛國者，我誓不成正覺；誦持大悲神咒，若不得無量三昧辯才者，我誓不成正覺；誦持大悲神咒，於現在生中，一切所求若不果遂者，不得為大悲心陀羅尼也。乃至說是語已，於眾會前合掌正住，於諸眾生起大悲心，開顏含笑，即說如是「廣大圓滿無閡大悲心大陀羅尼神妙章句陀羅尼」曰：

（廣大以下眾接音）

南無喝囉怛娜哆囉夜耶（一）（首遍、末遍同擊）南無阿唎耶（二）婆盧羯帝爍鉢囉耶（三）菩提薩埵婆耶（四）摩訶薩埵婆耶（五）摩訶迦盧尼迦耶（六）唵（七）薩皤囉罰曳（八）數怛那怛寫（九）南無悉吉栗埵伊蒙阿唎耶（十）婆盧吉帝室佛囉楞馱婆（十一）南無那囉謹墀（十二）醯唎摩訶皤哆沙咩（十三）薩婆阿他豆輸朋（十四）阿逝孕（十五）薩婆薩哆那摩婆薩哆那摩婆伽（十六）摩罰特豆（十七）怛姪他（十八）唵阿婆盧醯（十九）盧迦帝（二十）迦羅帝（二十一）夷醯唎（二十二）摩訶菩提薩埵（二十三）薩婆薩婆（二十四）摩囉摩囉（二十五）摩醯摩醯唎馱孕（二十六）俱盧俱盧羯蒙（二十七）度盧度盧罰闍耶帝（二十八）摩訶罰闍耶帝（二十九）陀囉陀囉（三十）地唎尼（三十一）室佛囉耶（三十二）遮囉遮囉（三十三）麼麼罰摩囉（三十四）穆帝隸（三十五）伊醯伊醯（三十六）室那室那（三十七）阿囉口參佛囉舍利（三十八）罰沙罰口參（三十九）佛囉舍耶（四十）呼嚧呼嚧摩囉（四十一）呼嚧呼嚧醯利（四十二）娑囉娑囉（四十三）悉唎悉唎（四十四）蘇嚧蘇嚧（四十五）菩提夜菩提夜（四十六）菩馱夜菩馱夜（四十七）彌帝唎夜（四十八）那囉謹墀（四十九）地唎瑟尼那（五十）婆夜摩那（五十一）娑婆訶（五十二）悉陀夜（五十三）娑婆訶（五十四）摩訶悉陀夜（五十五）娑婆訶（五十六）悉陀喻藝（五十七）室皤囉夜（五十八）娑婆訶（五十九）那囉謹墀（六十）娑婆訶（六十一）摩囉那囉（六十二）娑婆訶（六十三）悉囉僧阿穆佉耶（六十四）娑婆訶（六十五）娑婆摩訶阿悉陀夜（六十六）娑婆訶（六十七）者吉囉阿悉陀夜（六十八）娑婆訶（六十九）波陀摩羯悉陀夜（七十）娑婆訶（七十一）那囉謹墀皤伽囉耶（七十二）娑婆訶（七十三）摩婆利勝羯囉夜（七十四）娑婆訶（七十五）南無喝囉怛那哆囉夜耶（七十六）南無阿唎耶（七十七）婆盧吉帝（七十八）爍皤囉夜（七十九）娑婆訶（八十）唵悉殿

都（八十一）**漫哆羅**（八十二）**跋馱耶**（八十三）**娑婆訶**（八十四）。

（立誦至第三遍末段「夜耶」，主者鳴磬，眾上香。末句「訶」字再鳴，維那三擊引磬，問
訊、轉手爐，隨主者繞壇經行至第十八遍。末段「南無喝囉」句，主者領眾由懺桌中道入，
維那引磬旋繞、歸位，直手爐。及二十一遍，第二句主者鳴磬，末段「喝囉」句再鳴。訖
咒，問訊，置爐主者按磬，舉。）

**觀世音菩薩說此咒已，大地六變震動，天雨寶華繽紛而下。十方
諸佛悉皆歡喜，天魔外道恐怖毛豎，一切眾會皆獲果證，或得須
陀洹果，或得斯陀含果，或得阿那含果，或得阿羅漢果者，或得
一地、二地、三四五地，乃至十地者，無量眾生發菩提心。**（「十
地」以下眾和）

（拜下，主者提首句，眾隨運想云：）

我及眾生無始常為三業六根眾罪所障，不見諸佛，不知出要，但順生死，不知妙理。
我今雖知，猶與眾生同為一切眾罪所障。今對觀音十方佛前，普為眾生，歸命懺悔，
惟願加護，令障消滅念已。

（末句眾和，起，問訊。）

普為四恩三有法界眾生。悉願斷除三障。歸命懺悔。
（唱已，五體投地，主者唱首句，眾默念言：）

我與眾生無始來今，由愛見故，內計我人。外加惡友。不隨喜他，一毫之善。惟遍
三業，廣造眾罪。事雖不廣，惡心遍布。晝夜相續，無有間斷。覆諱過失，不欲人
知。不畏惡道。無慚無愧。撥無因果。故於今日，深信因果。生重慚愧。生大怖畏。
發露懺悔。斷相續心。發菩提心，斷惡修善。勤策三業，翻昔重過。隨喜凡聖，一毫
之善。念十方佛，有大福慧，能救拔我及諸眾生，從二死海，置三德岸。從無始來，
不知諸法本性空寂，廣造眾惡，今知空寂，為求菩提，為眾生故，廣修諸善，遍斷眾
惡。惟願觀音慈悲攝受。

（末句眾和）

（起，問訊，長跪。引磬一字一擊。）

至心懺悔，弟子某甲等與法界一切眾生，現前一心，本具千法，皆有神力，及以智明，上等佛心，下同含識。無始闇動，障此靜明，觸事昏迷，舉心縛著。平等法中，起自他想，愛見為本，身口為緣，於諸有中，無罪不造。十惡五逆，謗法謗人，破戒破齋，毀塔壞寺，偷僧祇物，污淨梵行，侵損常住，飲食財物，千佛出世，不通懺悔。如是等罪，無量無邊，捨茲形命，合墮三途，備嬰萬苦。復於現世，眾惱交煎，或惡疾縈纏，他緣逼迫，障於道法，不得熏修，今遇

大悲圓滿神咒，速能滅除如是罪障。故於今日，至心誦持，歸向觀世音菩薩及十方大師，發菩提心，修真言行，與諸眾生發露眾罪，求乞懺悔，畢竟消除。惟願

大悲觀世音菩薩摩訶薩，千手護持，千眼照見，令我等內外障緣寂滅，自他行願圓成，開本見知，制諸魔外，三業精進，修淨土因。至捨此身，更無他趣，決定得生，阿彌陀佛極樂世界，親承供養

大悲觀音。具諸總持，廣度羣品，皆出苦輪，同到智地。（起立，主者舉）**懺悔發願已。歸命禮三寶。**

（拜起、問訊。畢，主者鳴磬各上香，再鳴磬、執爐站立，三鳴磬。）

想此道場如法界十方三寶晏塞虛空，以次迴身旋繞法座。十方三寶心性寂滅，影現十方，心想如夢，梵聲如響，勿令心散。

（磬聲將盡，主者按磬，率眾起梵。維那每遇「無」字，聲止擊磬，末字聲止一擊，俟氣三息，又一擊起音。佛法僧三句將畢，主者鳴磬，各執爐、問訊，隨主者繞壇經行。凡遇「南無」二字，齊立定至首遍末句，維那引磬收梵。畢，各站立轉手爐，再鳴，隨按磬，除念前諸佛菩薩號，每一字一擊，隨主者入中道念至末句歸位，主者於第三遍「佛」字上擊大磬，較二疊稍急切，終，三疊問訊置爐。）

南無十方佛（末遍擊）

南無十方法

南無十方僧（首遍擊）

南無本師釋迦牟尼佛

南無阿彌陀佛

南無千光王靜住佛

南無廣大圓滿無閡大悲心大陀羅尼

南無千手千眼觀世音菩薩

南無大勢至菩薩

南無總持王菩薩（末遍擊）

自歸依佛，當願眾生，體解大道，發無上心。

（以下引磬，一字一擊）

自歸依法，當願眾生，深入經藏，智慧如海。

自歸依僧，當願眾生，統理大眾，一切無礙，

和南聖眾。

Part 1

基本認識

正式拜大悲懺前，我們該有哪些準備？有哪些入門知識要先瞭解呢？這就像將展開一趟旅程，上路前應該先弄清楚：我的目的地在哪裡？為什麼要去？路上可能會遇到哪些困難？……做足準備才能旅途順利，滿載而歸。拜《大悲懺》的道理也一樣，準備工夫做足了，可以預期即將展開的會是一場精彩、收穫豐碩的心靈之旅！

本章學習重點：

• 什麼是《大悲懺》？

• 什麼是「懺悔」？懺悔是要懺什麼？

• 我需要懺悔嗎？要對誰懺悔？

• 為什麼懺悔可以幫我消災解厄？

• 佛教有哪些懺悔的修行方法？什麼是事懺和理懺？

• 大悲懺的形成歷史和特色？

• 什麼是觀想？什麼是快速掌握懺本精神的關鍵？

01 什麼是大悲懺？

大悲懺法會是許多寺院固定舉行的法會。法會中，參與者以持誦「大悲咒」懺悔過去種種的惡業，並下決心發起和觀世音菩薩一樣的願力和菩提心重新做人。

●《大悲懺》是修持法門

《大悲懺》是以誦持「大悲咒」為主的一部懺法。《大悲懺》的全名是《千手眼大悲心咒行法》，收錄在《大正藏》第四十六冊。「千手眼」指的是千手千眼觀世音菩薩，「大悲心咒」即是大悲咒，「行法」是說明這部經典不單只是一般經文，而是記錄「修行的方法」。

因此，可以說《大悲懺》是根據觀世音菩薩修證的根本咒——「大悲咒」，而作的一個懺悔修行法門，內容是希望藉由誦念觀音菩薩的悲願，以及持誦「大悲咒」的力量，讓內心升起「懺悔罪過」，以清淨身心並減除修行的障礙。而依據《大悲懺》所舉行的法會，就是「大悲懺法會」。

●《大悲懺》是誰制定的？

中國佛教自梁朝（西元502年-557年）開始，懺悔法門就非常盛行。一般像《大悲懺》這樣的懺悔儀式的經文，並不是直接翻譯自印度的經典，而是由中國祖師依據經典，加入儀軌編訂成的修持法門。《大悲懺》由宋朝的四明知禮法師（960-1028年）所編寫，知禮法師一生以修持「禮懺法門」為主，他發現唐朝法師伽梵達磨所譯的《大悲心陀羅尼經》（全名《千手千眼觀世音菩薩廣大圓滿無礙大悲心陀羅尼經》）很適合發展為懺法，便以此經為底本，再參考《法華三昧懺儀》中的儀軌部分，制定了《大悲懺》。

從此以後，《大悲懺》便盛行於中國佛教，期間懺儀內容雖然經過一些演變，但仍不脫離當初的基礎；直到今日，大悲懺法會仍是大家所熟知的寺院重要法會。「大悲懺法會」的盛行，推波助瀾了觀世音菩薩的信仰，也讓「大悲咒」成為最受人們傳唱與熟知的咒語。

《大悲懺》

《千手眼大悲心咒行法》，原來全名沒有「懺」這個字呢！

全名
《千手眼大悲心咒行法》

千手眼

大悲咒

行法

千手千眼
觀世音菩薩

大悲咒
（即84句大悲心
陀羅尼咒）

以大悲咒為
懺悔修行的方法

什麼是大悲懺？

01

02 大悲懺是怎麼來的？

《大悲懺》的編寫原來是爲了消除修持止觀的障礙，之後才加入儀式變化，逐漸從配角變成主角，成爲今日大悲懺法會的形式。

●幫助修持「止觀」

宋代知禮法師所編寫的《千手眼大悲心咒行法》，內容記錄十個步驟（十科）：(1)嚴道場；(2)淨三業；(3)結界；(4)修供養；(5)請三寶諸天；(6)讚歎申誠；(7)作禮；(8)發願持咒；(9)懺悔；(10)修觀行。前面九個步驟都是為了最後的「修觀行」，也就是修行者希望透過前面的禮拜佛菩薩和持誦「大悲咒」等消除禪修的障礙，以止息妄念、全心貫注於一處（止），並生起正確的觀察智慧（觀），達到「止觀」的實踐。

●走向法會的形式

到了元朝（1271-1368年），《千手眼大悲心咒行法》不再只是實踐天台止觀的行法，而開始具有法會的雛形。明末清初的讀體法師（1601-1679年），善巧地將當中屬於天台思想與止觀的部分刪除、重寫，改為更適合舉行法會的五個步驟：(1)修供養；(2)讚歎申誠；(3)作禮；(4)發願持咒；(5)懺悔，並名為《千手千眼大悲心咒行法》，比宋代知禮法師所編寫的《千手眼大悲心咒行法》只多了一個字。簡化後的《大悲懺》，淡化天台宗的色彩，也不需要配合止觀修持，實踐時間也縮短了，更適合一般人參與，成為各寺院經常舉行的法會。

●現今常見的《大悲懺儀合節》

《大悲懺》不只是要安靜念誦、理解經文，還必須要讓身體動起來。參加者隨著經文的迎請、發願、持咒、懺悔等，以自己的「身禮拜」、「口念誦」、「意觀想」來進行懺悔。在讀體法師重新編寫的《大悲懺》中，已經註明念誦到什麼地方，應該要禮拜、長跪、上香獻花、觀想，以及在儀式過程中加入法器的配合等等。現今大悲懺法會最常見的懺本《大悲懺儀合節》，便是以讀體法師的《大悲懺》為主，還原少部分知禮法師所撰的經文，再綜合法會儀式應該注意的流程和禮節編寫而成。

《大悲懺》的形成與演變

底本經典	參考儀軌
《大悲心陀羅尼經》 唐·伽梵達摩 （約650～655）譯	《法華三昧懺儀》 隋·智顗（538～597）撰

組織成懺法

↓

正式成為消除禪修障礙的修行懺法

《千手眼大悲心咒行法》
宋·知禮法師集

將十科精簡為五科

↓

獨立為法會懺法

《千手千眼大悲心咒行法》
元·讀體法師重纂、寂暹校梓

還原部分被刪除的經文，
再加入許多法會的流程和禮節

↓

現今法會盛行的《大悲懺》

《大悲懺儀合節》
民國初年編

現今法鼓山、佛光山等寺院的大悲懺法會就是依據這個版本而發展的。

02

03 什麼是「懺悔」？
為什麼懺悔很重要？

不論是南傳、藏傳、北傳佛教，或參禪、念佛、學習經典及修學密宗，佛教的各種修學法門都以「懺悔」為正式修學前的基礎。

● 懺悔的字義

什麼是懺悔？「懺悔」原來的梵語字義，「懺」的梵語為ksama，音譯為懺摩，意為「容忍」，也就是請求他人寬容自己所犯的過錯。「悔」的梵語是āpatti-pratideśana，意為「說罪」，也就是向他人說出自己的錯誤，以得到清淨。因此，所謂的「懺悔」是對於自己犯的錯誤，內心感到深深後悔，並向他人表露出來，希望能夠獲得諒解。

● 修道之前要先懺悔

佛教認為人的生命不是只有這一生，而是一期期的生命，從一個存在到下一個存在，就好像永不停歇的流水，從久遠的過去流到現在，也將繼續流向無止盡的未來。流水會流向何處，不是由一個如上帝的絕對者來決定，也不是隨機無緣由的，而是由每個人過去所造作的「業力」所推動。

業力推動著我們不斷地在生死輪迴中流轉，遭受種種果報。如果過去生命做的善業多，那麼身體將不容易感到病痛，遇事順利，內心清澈平靜，思考清晰靈敏，修學佛法特別順暢；相反的，如果過去生命所造的罪業比較多，那麼就會受到惡業的干擾，或身體容易有病痛，或遇事不如意，或內心容易煩躁、頭腦昏昧，就算想修學佛法，也往往不容易提起心力。

當這些惡業讓生命趨向痛苦、障礙的時候，就必須對自己過去所造的罪業懺悔，生命才能夠回復順暢，修學佛法也才能夠順利。因此，從原始佛教以來，就非常重視修行者的懺悔，定期舉行懺悔儀式。直至今日，不論是哪個派別或修行法門，也都強調在正式修持之前必須先懺悔。這就好像登山，必須先把路上的荊棘雜草等障礙去除後，才可能順利到達山頂，而懺悔就是扮演幫助生命淨化、去除修學佛法障礙的角色。

懺悔的意義

懺悔的「懺」字取梵語的音譯，「悔」字取梵語字義。

kṣama ✚ āpatti-pratideśana

懺、懺摩（取音譯）	悔（取意譯）
容忍	**說罪**
請求他人寬容自己所犯的過錯	向他人告解自己的錯誤

懺悔

對於過去錯誤表示後悔，
向他人表露，希望得到諒解

真誠懺悔必須完全
坦承自己的過錯，
一點都不隱藏，並
請求他人原諒！

如草木之根，露之則枯，覆之則茂。故善根宜覆，則眾善皆生，罪根宜露，則眾罪皆
滅。——宋，四明知禮法師《修懺要旨》

1 善根宜覆，則眾善皆生

2 罪根宜露，則眾罪皆滅

什麼是「懺悔」？為什麼懺悔很重要？

03

03 永不停歇的生命之流

生命之流是指由「業力」所推動的一期期生命，如同永不停歇的流水，從久遠的過去流到現在，也將繼續流向無止境的未來。

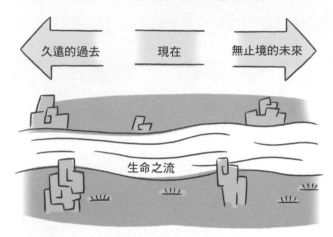

久遠的過去　　現在　　無止境的未來

生命之流

經云：「要知前世因，今生受者是；要知後世果，今生作者是。」

過去善業多
現在身體沒有病痛，遇事順利，內心平靜，思考靈敏，修學佛法順暢。

今生我該怎麼做？才能讓未來繼續得到善果呢？

過去惡業多
現在受到惡業干擾，身體有病痛，遇事不如意，內心煩躁，頭腦昏昧，提不起心力修學佛法。

今生我該怎麼改變？才能讓未來轉成善果呢？

我現在是哪種狀況？希望未來的生命善果多，現在應該怎麼做呢？

六道：六種生命形態

佛教認為由「業力」所推動的「生命之流」，將牽引我們不斷在六種生命形態中流轉。除非依照佛陀的教法修行，否則永遠無法出離。

中善業

人道
由中等善業牽引投生。身為人苦樂參半，但具有能出離六道輪迴、修學佛法的條件。

小善業

阿修羅道
由小善業所牽引投生。阿修羅是具有大力量的鬼神。

大善業

天道
由大善業牽引投生，可以得到無盡的物質享受。

那我是從哪一道來呢？今生結束後又會到哪一道去？

小惡業

畜生道
由傷害他人、欠債不還等惡業牽引，投生為牛、羊、魚、禽、獸等動物。

中惡業

餓鬼道
由殺人、偷竊等惡業牽引投生。常處饑餓狀態，食物入口卻會化為炭火，永不得飽足。

大惡業

地獄道
由極重殺生等惡業（如殺父、殺母等）牽引投生，將遭遇種種痛苦。

04 懺悔要懺什麼？

大悲懺要懺的是自己的罪業，如果能對罪業觀察得越深入，認識越多，那麼目標正確、方法用對了，懺悔的心力就可持久，消除罪業的效果也就越大。

◉因果緣起的法則

什麼是罪業呢？「業」梵語為karma，意為「造作」、「行為」，行為（業）是因，導致之後的遭遇是果。佛教認為沒有一件事情是偶然發生的，萬事萬物都不脫離「如是因感如是果」緣起的法則，如同栽種什麼樣的種子，就得到什麼樣的果實；有什麼樣的行為，也會得到什麼樣的結果。當某個業生起時，不論是善是惡，只要沒有相反性質的勢力（如懺悔）抵銷，就一定會出現符合、等量的果報。因此，我們生命中所經歷的一切，不論帶給我們的是快樂或痛苦，都是自己過去的行為所導致的結果，而我們現在所做的業，也會在未來結果。善業感得的是樂果，惡業感得的是苦果，因果之間一點都不會錯亂。**這個會讓我們得苦果的「惡業」（或稱「罪業」），就是我們要懺悔的對象。**

◉「業」的特質

西藏佛教祖師宗喀巴大師，提出業有以下特質：首先是**「業決定」**，善業會招感安樂的果報，惡業會召感痛苦的果報，絲毫不會有差錯。絕不會有任何快樂是從惡業生，也不會有任何痛苦是從善業生，就像不可能以苦瓜的種子長出甜瓜一樣。在修懺悔之前，要相信生命不是自己決定，任何一點點的痛苦或快樂，都是由業所決定。

其次是**「業會增長廣大」**，業是能量的延續，造了一個業之後，這個業不是停止不動，而是隨著時間不斷增長，直到成熟結果。假設今天你造了一個偷盜業，如果沒有生起懺悔懊惱的心，就意味著你在不斷地歡喜或認同這種行為，這樣的認同會使得罪業隨著時間不斷地增長廣大，那麼所造的惡業就像被毒蛇咬到，雖然只有一點點毒液，卻會遍滿全身，帶來極大的痛苦。同樣的，善業就像春天播一顆麥子，到了秋天會帶來上萬顆麥子一樣。因此，當你發現罪業的時候，「即時懺悔」相當重要。

修持大悲懺前的基本知識

了解什麼是「業」？

因 行為、造作

會導致得到苦果的惡業（錯誤的行為），正是我們要「懺悔的對象」。

惡業

果 導致的遭遇

身體多病痛（苦果）

苦果

「業」有哪三個特質？

1 業決定 → 善業得樂果 罪業得苦果

| 錯誤的看法 | 造了惡業，那就以布施來彌補吧！ | ✗ |
| 正確的看法 | 惡業和善業各自感苦樂果報，不能相互抵銷。造過的業，唯有透過懺悔才可懺除。 | ○ |

2 業會增長廣大 → 造業之後，業會隨著時間不斷增長廣大

| 錯誤的看法 | 我偶爾會造些小小的惡業，但這些小惡應該不需要懺悔吧！ | |
| 正確的看法 | 業會隨時間不斷增長，所以小善業要努力去做，小罪業要即時懺悔。 | |

3 未造業不會遇，已造業不會壞失 → 沒有造的業不會感果，已經造的業不會壞失

| 錯誤的看法 | 人生不順利，難道是祖先沒有庇蔭？ | |
| 正確的看法 | 我們所遇到的業都是自己所造的，各人生死各人了，各人罪業各人消。 | |

懺悔要懺什麼？

04

第三點是「**未造業不會遇，已造業不會壞失**」，意思是不論善業或惡業，只要是沒有造的，絕對不會感果；而已經造的善業或惡業，不管經過多久時間都不會壞失，只要因緣成熟了，將來一定感果。如經云：「假使百千劫，所作業不亡，因緣會遇時，果報還自受。」雖然造的業一定感果，但懺悔可以把罪業的勢力減小，甚至讓罪業不起作用，如同焦芽敗種，即使埋在土中，澆水施肥，也不會成長結果。所以懺悔前要知道，如果不懺除，罪業將永遠存在。

●「果」的特質

過去所造的業因，在感果時，對我們的生命主要有三種影響。首先是「**異熟果**」（異地而熟的果），也就是到隔世才會成熟受報的「果報身」。當「業」累積到一定程度時，如果是善業多的眾生，成熟感果的善業會引導投生「天道、阿修羅道、人道」三善道中輪迴；惡業多的眾生，成熟感果的惡業會引導投生「畜生道、餓鬼道、地獄道」三惡道中輪迴。因此，在這一期生命還沒有結束前，我們應該要多集聚善業，並趕緊誠心懺悔罪業，避免讓生命流轉到三惡道中。

假設過去曾經造了一個殺人的業，使得他人壽命減短，將來除了會召感自己多病、壽命短少的果報之外，這個殺業還會在生命中留有殺業的習性，讓我們很容易重蹈覆轍。這種過去業所帶來的習性，稱之為「**等流果**」（由過去習慣所流下來的果）。許多人不小心造業之後，都會想說自己只做一次就好，其實「業的習性」很容易牽著你做第二次、第三次……，如同滾雪球一樣，直到自己能夠察覺，並加以懺悔對治為止。

「異熟果」是指在六道中投生到哪一道，得到哪種身體，「等流果」是內心延續過去的習慣、觀念等，另外還有一種是「**增上果**」。「增上」的意思是「增加的助緣」，「增上果」就是指可以感得的「客觀環境」。雖然感得的同樣是人身，但是每個人賴以生存的外在環境卻不一樣，例如有人生長在富裕之家，有人出生在窮困家庭。

善業惡業感得的三種果

過去造的因，感果時會對我們的生命帶來三種影響，即異熟果、等流果及增上果。

異熟果	等流果	增上果
來世才會成熟感果	延續過去的習性	感得的外在環境助緣

善 業 投生三善道

善 業 世世都喜歡布施助人

善 業 環境好，方便修行

惡 業 投生三惡道

惡 業 小氣習性未改

惡 業 環境不好，修行難

修學佛法

增長善業

斷除惡習

懺悔過去

求得人身

深信業果

美好的人生：
生命一次比一次更好，
直到最後的圓滿成佛！

05 我需要懺悔嗎？ 要懺到什麼時候為止？

我們對於這一生所造的業都還糊里糊塗，更何況是從過去久遠以來的生命所累積的善惡業，該如何知道自己累積的善業或惡業有多少？又如何知道罪業是否已經消除？

●罪業的根本是愚癡、貪欲和瞋恚

　　一個人會造罪，是因為內心過度的執取，執取有一個假的本性——「我」。為了保護「我」，凡是能讓「我」快樂的事物就生起貪欲，不快樂的事物就生起瞋恚，因此造作種種罪業。佛陀告訴我們，事實上這個「我」所組成的身和心，都只是不斷變化的過程而已，因為對於「我」（會不斷生滅變化的「東西」）產生錯誤的執取（愚癡），才會有種種痛苦。當我們對捏造出來的「我」執取越深，感受到的痛苦就越強烈。

　　所以罪業的生起，基本上是來自內心顛倒無明的愚癡、貪欲和瞋恚。這三者推動身體（身業）、語言（語業）、意念（意業）造作種種惡行，惡行導致惡果，使生命被罪業層層覆蓋，陷入無可逃避的生、老、病、死的痛苦循環中。所幸佛陀告訴我們這一切都可以改變，只要能夠開始面對執取「我」所引發的連鎖問題，採取步驟一一懺除罪業，終止無明的狀態，那麼原來被覆蓋的真實本有的智慧（也就是佛性）就會顯現出來。

●善惡業皆有跡可循

　　雖然我們無法憶起過去做過的事，也看不到生命之流的計數器，無法推知業力將帶來什麼樣的果報，但過去所造的業力會在內心流下業習性（等流果），因此我們可以靜心觀察內心所呈現的「業的相狀」，來推知本身累積的是罪業多或善業多。由於罪業源自內心的愚癡、貪欲和瞋恚，如果罪業較多，內心就會傾向和這三者相應，表現出來的就是昏昧、苦惱、躁動、不安；反之，若善業較多，那便會和內心的智慧相應，表現出來的就是清晰、平靜、輕安。

「我」是生命痛苦的原因

懺悔法門就是以禮佛、持咒等懺悔過去因執著於「我」生起的種種惡業。

痛苦的產生

1	**2**	**3**
執著於「我」	生起貪欲、瞋恚、無明	罪業牽引「我」輪迴

佛教一切修行法門的目標，就是要把遮蔽住「真如本性」的「自我」拿掉！

終止痛苦的方式

1	**2**	**3**
相信佛陀告訴我們的正知——沒有「我」。	以禮佛、持咒等懺悔，過去因執著於「我」生起的種種惡業。	智慧顯現，體悟「我」並非真實存在的本質，一切皆是虛妄，一切皆是空性。

05 內心罪業的自我檢查表

明朝的袁了凡居士（1525-1608年）在《了凡四訓》中，分別記載了內心罪業累積到一定程度後出現的徵象，以及罪業清除之後內心所呈現的效果，可以提供我們參考。了凡居士指出：像我們這樣的凡夫，過失或罪業如同刺蝟的刺一樣，實在太多了。但我們回想過去，卻經常覺察不到自己的過錯，那是因為我們往往粗心、昏昧的緣故。

請誠實勾選下表的題目，藉以判斷出自己現在是罪業多或善業多。

罪業多的相狀
久遠以來生命累積的善惡業，每個人都不同，如果出現以下這些相狀，就表示你的惡業多過善業。 （ ）1.心神昏昧、暗鈍，經常要做某事，但一轉身就忘了。 　　（心神昏塞，轉頭即忘） （ ）2.明明沒有什麼事，內心卻會躁動不安。（無事而常煩惱） （ ）3.看到正人君子會覺得羞愧不安。（或見君子而赧然消沮） （ ）4.不喜歡聽到他人講正確合理的言論。（或聞正論而不樂） （ ）5.好心布施給他人東西，反而還遭人埋怨。（或施惠而人反怨） （ ）6.經常做惡夢，從夢中驚醒過來，講話也語無倫次。 　　（或夜夢顛倒，甚則妄言失志）

原來是這樣，連做夢內容都可見出端倪呢！

懺悔後的相狀

若能發願改過並懺悔罪業之後，內心也有一些徵兆可以觀察。

（　）1.過去心裡總是悶悶不樂，經過修懺以後，會覺得心情突然
　　　　開朗、輕鬆了。（或覺心神恬曠）

（　）2.過去聽經怎麼聽都聽不懂，似乎內心和佛法之間有層隔
　　　　閡，經過懺悔之後，現在聽經卻感到法喜充滿。或者，過
　　　　去待人接物總覺得處理不好，現在處事待人不再迷惑，變
　　　　得善巧有智慧。（或覺智慧頓開）

（　）3.以前只要事情一忙，就會感到很疲倦，提不起精神，處處
　　　　有障礙。經過懺悔改過之後，處理起繁雜的事情不再覺得
　　　　煩悶、厭倦，反而處處順利，有條有理，輕而易舉。（或
　　　　處冗逯而觸念皆通）

（　）4.過去看到冤家，總會生氣地罵上幾句。現在不但不罵他，
　　　　還以歡喜心、善心對待。（或遇怨仇而回瞋作喜）

（　）5.過去經常做惡夢，現在會夢到口吐髒東西，或夢見聖賢向
　　　　你說法，或夢見騰雲駕霧在空中飛行，或夢見到佛國境土
　　　　等美好的事，這些都是罪業消除的徵兆。（或夢吐黑物；
　　　　或夢往聖先賢，提攜接引；或夢飛步太虛；或夢幢幡寶
　　　　蓋，種種勝事，皆過消罪滅之象也）

05

06 拜大悲懺會有功德嗎？

經常聽到有人說，念某個佛號或誦某部經典可以得到什麼樣的功德，或是消除什麼重罪，真是如此嗎？為什麼可以消除這些重罪呢？

◉對心的破壞和建設

佛法為心地法門，不論是念佛、參禪或持咒拜懺，都是在修自己的心，讓心不再執取。對於心的修持，佛陀開展出破壞和建設兩個方式：一方面以懺悔法「破壞」內心所累積的種種罪業，另一方面以布施、持戒、忍辱、精進、禪定、智慧等六波羅蜜善法來「建設」。《大悲懺》也是如此，除了向觀世音菩薩等十方諸佛菩薩懺悔，以便消滅原有的罪業之外，再透過禮佛、念佛、持咒等方式，將原先沒有的善法加以建設。妙法或善行都可為我們帶來快樂的果報，佛教稱此為「功德」或「福德」。

◉以功德讓惡業不感果

按照業果原則，所造業必會「感果」，但業感果時，會依據造業當時的狀態，例如造業動機是善念或惡念，造業行為是無意或猛利，造業對象是陌生人或父母、師長等，所得感果的輕重會有不同。如果是以惡念、猛利對自己有恩德的父母、師長造惡，那麼將感得「重業」，反之則為「輕業」。重業又稱為「定業」，輕業又稱「不定業」。定業必定會感果，不定業在還沒有感果成為定局前，可以用懺悔或善法等方式，讓惡業不一定感果。懺悔的功德可以：

1. 以善業稀釋惡業的勢力

《十住毘婆沙論》記載佛陀以鹽水來譬喻惡業的一則故事。有個人過去造了小罪，但因為今生不修身、不修戒、不修心、不修慧，於是下一生罪轉重而墮入地獄；另外有個人過去也造了小罪，本來應該在今世受報，但由於他能夠修身、修戒、修心、修慧，罪業非但沒有增長，今生也沒有感果。為什麼會這樣呢？如果以鹽來譬喻惡業，水來譬喻善業，那麼前者好像將一公升的鹽放入小器皿的水中，喝起來當然苦不堪言；後者卻是將一公升的鹽投於大池中，喝起來自然不會覺得有鹽味。

什麼是功德？

「功德」是指善行或妙法（懺悔、持咒或誦經）等可以為我們帶來快樂果報的功能福德。平日積累的功德可以稀釋惡業的勢力，甚至能讓以往種下的惡業不感果。

幫助他人等善行

持咒誦經等妙法

與眾生分享

+

為我們帶來快樂果報的功能福德，
如同無形的財寶

2. 延長受報的時空，消減惡業的力量

禮拜《大悲懺》時，正是以懺悔、拜佛、禮佛、持咒等善法所得的功德，一點點的瓦解過去的惡業體，使惡業的力量逐漸釋放消散，當未來果報呈現時，便不會感到痛苦。惡業就像潮溼不易燃的木材，持咒等善法則如同烈火，每次燃燒一些，等到惡業感果時，只剩下灰燼。

3. 仰仗諸佛力量，使惡業減輕

藏經中有一部《那先比丘經》，內容記載那先比丘和西北印度的大夏國彌蘭陀國王的對話。有一次國王問那先比丘：「你們出家人都說，如果一個人在世界做了許多壞事，只要臨死前能夠念佛，死後就可升天，我不相信這種說法。另外，你們又說只要殺一人就會墮入地獄，這個我也不信。」那先比丘便以譬喻說明：

> 如令持百枚大石置船上，其船寧沒不？王言：「不沒。」那先言：「船中百枚大石，因船故不得沒；人雖有本惡，一時念佛，用是不入泥犁中，便生天上。其小石沒者，如人作惡，不知佛經，死後便入泥犁。
>
> ——《那先比丘經》卷二，大正藏第32冊，第1670A經

將百顆大石放在船上，因船的浮力，不會沉入海，人雖然造了惡業，但因為知道念佛，仰仗佛力不會墮入地獄。沒有依靠佛力，既使造了一個殺業，就如同一顆小石子，沒有任何的承載，放入水中就會直接沉入海底。因此，如果仰仗佛力、功德，可以讓我們避免落入惡道苦。

4. 先壓伏惡業，讓它暫時無法感果

大多數人的生命既不是純善也不是純惡，心中兼有清淨的善種子和雜染的惡種子。如果是善種子被惡種子遮蔽住，就會整日煩惱纏縛，痛苦不堪；相反的，如果開發心中深藏的清淨種子，並持續以懺悔、禮佛、誦經、持咒等善法制伏惡種子，就好像以石頭壓住草一樣，只要壓伏的力量一直都在，惡種子便無法生起。因此，只要能夠不間斷地增長善法，保持正念，那麼惡種子無法感果，就達到懺悔除罪的目的。

功德的好處真多！

不要小看我們平常行善或誦經、持咒的作用喔！我們所造的功德有多種好處，經典中早就有開示了呢！

稀釋惡業

惡業是鹽，善業功德如同大湖水，稀釋後一點都不覺得水鹹。

消解惡業

不斷添加善業的火，可將潮溼不易燃的惡業木材慢慢燒掉。

功德
（無形的法財）

減輕惡業

仰仗佛力的法船，讓惡業暫時不沉入水中感果。

壓伏惡業

以善法的大石頭壓伏惡業的蔓草，讓惡業無法生長。

「罪從心起將心懺」，懺悔就是在自己的內心用功，當罪業清淨了，功德才容易得到，智慧也才會現起。

拜大悲懺會有功德嗎？

06

07 什麼是懺法？佛教有哪幾種懺法？

佛教從初期以來，就非常重視修行者的懺悔，認為過錯如果不趕緊懺悔乾淨，那麼犯錯的習慣會繼續下去，罪業也會倍增，因此發展出了各種懺悔的方法。大悲懺就是諸多懺法之一。

●什麼是懺法？

佛教的懺悔不是只有做錯事，向他人懺悔而已，而是有深刻的含意和方法。對懺悔者來說，懺悔不能光是生起悔過之心，還必須帶有告白、說罪等行為，因此就與「儀式」有關。歷代祖師為了讓弟子能夠懺除所犯的罪過，以便之後積極修行，開展出了許多懺悔方法（儀式），稱之為「懺法」。

●違犯戒律的作法懺

一般人只要生起「想和佛陀學習」的心，就可參加皈依儀式，成為正式的佛弟子。但是如果希望能夠進一步提升，會請求傳授「戒律」。不論是基礎的五戒、八關齋戒或出家的三壇大戒，以及菩薩戒、密戒等，在所有授戒儀軌前都會舉行「懺悔」和「問遮難」。所謂的「問遮難」是指在受戒前先行審查，看看請求受戒者今生是否犯有嚴重的罪。如果沒有，那麼經過禮拜八十八佛或千佛懺悔之後（表示過去種種罪業障礙都已懺除），就可清淨受戒。佛弟子之間有了戒為依靠，彼此就可清淨和諧地相處，這對佛法的弘揚非常重要。

出家的比丘（男眾）戒有二百五十條，比丘尼（女眾）戒則有三百四十條，規定非常細，受了戒之後，很難能夠絕對不犯。因此，除了特殊的重罪之外，大部分的戒律都訂有可以透過懺悔還出清淨的方式。這種針對「違犯戒律」舉行的懺悔儀式，稱為「作法懺」。具體的「作法懺」有以下三種形式：

1. **心念懺**：若是犯了輕的「突吉羅罪」（如衣冠不整、露齒戲笑），內心警覺自責，此為「心念懺」。
2. **對首懺**：若是犯了「波逸提罪」（如說他人是非，或殺害昆蟲、動物等），就必須對另一個持戒清淨的比丘一對一懺悔，罪才能懺淨，此為

懺除不同罪過，要用不同懺法

歷代祖師為了讓弟子能夠懺除所犯的罪過，方便他們日後能夠積極修行，於是開展出許多不同的懺悔方法，稱之為「懺法」。

1 作法懺：懺除違犯戒律之罪

心念懺
懺除衣冠不整、露齒戲笑等過錯

對首懺
懺除道他人是非或殺害昆蟲、動物等過錯

眾僧懺
懺除致病人於死這類重罪

2 取相懺：懺除十惡業

懺除殺生、偷盜、邪淫、妄語、兩舌、惡口、綺語、貪欲、嗔恚、愚癡。

3 無生懺：徹底懺除罪根

完全拔除罪業的根本

罪業本無自性

戒的原意是好的習慣！

一般人會覺得受戒之後，必須要遵守戒律，不能做這、也不能做那，像是一種束縛。其實，這是對於戒的大誤解呢！「戒」的梵文是śīla，原意是「習慣」，特別是善習（好的習慣）！在懺悔之後，因為受戒，有了善習做保護，身心就像是多了一層保護膜，對於過去的惡習自動升起防護網。戒律是佛陀所制定的，如果能夠安住在戒律上，讓身心保持清淨，又杜絕造惡業的可能，那麼就可以逐漸走向最終的解脫成佛。因此，《華嚴經》云：「戒是無上菩提本。」

「對首懺」。

3. **眾僧懺**：若是犯了「偷蘭遮罪」以上（如借經卷不還、強給藥致病人於死）的嚴重罪行，就必須在二至二十人不等的面前（根據所犯戒的不同）發露（毫無保留地說出）懺悔，稱為「眾僧懺」。

●見到佛相的取相懺

持戒是修行邁向解脫的根本，作法懺是針對違犯戒律而還出清淨的懺悔；另外還有一種是一旦造作就是罪（性罪），這類罪分別是：

1. **身業**：殺生、偷盜、邪淫。
2. **語業**：妄語（謊言）、兩舌（挑撥離間的語言）、惡口（惡毒語言）、綺語（華麗卻無實的語言）。
3. **意業**：貪欲、瞋恚（惱怒）、愚癡（昏昧、不明事理）。

因為這十種惡業源自內心嚴重的煩惱，懺除的方式就必須令心清淨，以十方諸佛菩薩為懺悔對象，透過持咒、禮佛、念佛、禪定等懺悔途徑，將自己融入在諸佛菩薩的功德之中，直到夢見「佛的相好」（諸佛莊嚴美好的相貌），才能夠算是除罪，此稱之為「取相懺」。

●了知「諸法實相」的無生懺

「作法懺」是懺除違反戒律的罪，「取相懺」是懺除自身煩惱而造成損害他人行為的罪，但這二種懺悔還不能真正拔除罪業的根本。如果要完全拔除罪業的根本，必須從「般若性空」的角度切入，了知罪業本是因緣所生法，也會因緣所滅，本性是無實體性。因為煩惱妄心錯執一切萬法為實有，所以才會造惡犯戒，妄心又錯執有個「實體罪」，使罪業長存於心。如果能夠從根本將妄心消滅，那麼依附在妄心上的罪業就會消失。這種了知「諸法實相」是無生無滅，破除妄心無明的懺悔法稱為「無生懺」。

所以可以說，大乘的懺悔方式不但是要去除罪相（取相懺），還要拔除煩惱的罪根（無生懺），並在邁向修行成佛的道路上不斷地觀照懺悔，讓持戒可以清淨（作法懺）。

三種懺悔法比較

作法懺	取相懺	無生懺
違犯戒律 的懺悔方法	造作十惡業 的懺悔方法	「執實有」妄心 的懺悔方法

目標

今生特定 的某罪	過去總罪	過去總罪
懺除**戒罪**	懺除**性罪**	懺除**業根**

方法

由對人懺悔轉向對十方諸佛懺悔

由有懺悔對象轉為思維空性的懺悔

隨犯隨懺，內心自責或一對一、一對多人懺悔	有一定數量和時間的持咒、禮佛、念佛、禪定等	思維「般若性空」，罪無實有

除罪之相

較容易 做到	較難做到	最難做到
自責深切，痛改前非，罪就清淨；或是在眾人面前求悔，為大眾服務苦行等。	夢中見到諸佛或淨土的瑞相，或者繞佛、經行時聽到空中發出清淨聲等等。	去除分別執著的妄心，了知諸法無生無滅，本無自性。

什麼是懺法？佛教有哪幾種懺法？

07

08 大悲懺屬於哪種懺法？

佛教的懺悔法有作法懺、取相懺和無生懺三種，那麼《大悲懺》是屬於哪種懺法呢？

●《大悲懺》包括三種懺悔法門

《大悲懺》是以持誦大悲咒的力量，向觀世音菩薩懺悔的法門。從以「持咒」做為修行法門來看，會很自然地把《大悲懺》歸屬於「取相懺」，但是《大悲懺》的編撰者知禮法師明確指出，拜懺時必須「心存三種懺」，也就是《大悲懺》是包括作法懺、取相懺和無生懺的懺悔法門。知禮法師在其論著的《修懺要旨》談到：

> 示懺悔之法，乃有三種：一、作法懺：謂身口所作一依法度；二、取相懺：謂定心運想相起為期；三、無生懺：謂了我心自空，罪福無主，觀業實相，見罪本源，法界圓融真如清淨。
>
> ——〈修懺要旨〉《四明尊者教行錄》卷2

這裡知禮法師表示懺悔的方法有三種，分別是：（一）作法懺：身、口所作的一切都要依於嚴謹的法度；（二）取相懺：以定心觀想，直到佛菩薩的相能夠在內心升起為止；（三）無生懺：如果能夠了知自己的心「本性即是空性」，那麼不論是罪業、福業將沒有可以依托之處，以這樣觀察「業的真實相狀」，就是見到罪業的本源，也就是法界圓融的真如清淨了。

●無生懺最重要

知禮大師接著表示：「法雖三種，行在一時，寧可闕於前前，不得虧於後後，無生最要，取相尚寬。」意思是作法懺、取相懺和無生懺這三種懺法中，寧可缺少前面，越後面的越不能夠欠缺，也就是三者中以無生懺最重要，再來才是取相懺和作法懺。

為什麼知禮法師這麼重視無生懺呢？作法懺是將違犯的戒律「公開說出」滅罪，取相懺是長時間精進修行之後，以「生起的瑞相」滅罪，這兩者都屬於「事懺」；而無生懺是屬於「理懺」，也就是在道理上徹底瞭解「罪業為什麼

《大悲懺》統攝三種懺法

大悲懺

罪業實有

事懺
透過告白、禮佛、持咒等
有關行為所進行的懺悔

罪業「無」實有

理懺
透過對道理的瞭解
所進行的懺悔

1 作法懺
身、口等行為
合於法度

2 取相懺
定心觀想
佛菩薩相

3 無生懺
思維「本性即空性」，觀察罪業
的真實相狀，讓罪業無所依附。

中國懺法特色為「事理並重」，事懺、理懺缺一不可。

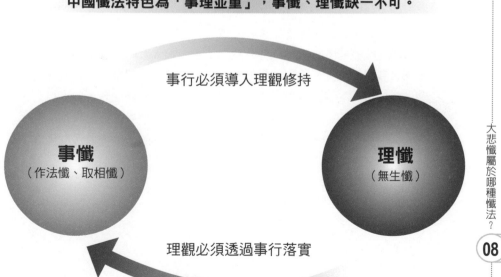

事行必須導入理觀修持

事懺
（作法懺、取相懺）

理懺
（無生懺）

理觀必須透過事行落實

08

會生起」以及「懺悔為什麼又可以滅罪」。無生懺之所以能夠具有強大的力量，是因為它全盤改變了「罪業觀」，讓我們重新認識罪業。

佛陀告訴我們，世間一切是「諸法因緣生，諸法因緣滅」，罪業也是如此，其實沒有真實的「罪生」或「罪滅」。為什麼虛幻的罪業可以存在，正是因為我們的「妄心」，錯以為有造業者（我），以及造業之後長存心中的「罪業」。所以妄心是罪主，擒賊必須先擒王，只要能夠將妄心消除，使罪業沒有依附體，那麼連帶地罪業自然也會消失。如同祖師云：「罪性本空由心造，心若滅時罪亦亡；罪亡心滅兩俱空，是則名為真懺悔。」因此，理懺的無生懺是以智慧分析及觀照罪的本源，來拔除罪的根本，是三種懺悔法中最重要的。

◉中國大乘理事圓融的懺悔觀

事懺之後加上理懺，不論是輕罪或重罪才能究竟滅除；理懺之前有事懺做基礎，不僅懺除了大部分的罪業，也容易以生起般若的空性智慧來懺除罪根。理懺雖然是最難做到的，但得到的效果也最大，所以知禮大師說：

> 蓋妙觀之宗是大乘之主，滅罪如翻大地，草木皆枯；顯德如照澄江，森羅盡現。以此理觀導於事儀，則一禮一旋罪消塵劫，一燈一水福等虛空。
>
> ——〈修懺要旨〉《四明尊者教行錄》卷2

這種透過道理觀察罪業實相的懺悔方法，才是大乘佛教的主要懺悔方法。以理懺來滅罪，就好像把大地的土整個翻過一遍，草木般的罪業將可連根拔起、自然枯萎。當罪業消失了，真如本性將如同月亮照在清澈湖面般清晰可見。在拜懺的時候，如果能夠這樣以理懺來引導事懺，那麼一舉手一投足，都能消除無量生死塵勞的罪業。即使只是供養一燈一水，所得到的福德也將等同於虛空般廣大。

無生懺最重要

無生懺屬於「理懺」，也就是能徹底瞭解「罪業為什麼會生起」以及「懺悔為什麼可以滅罪」的道理。如果能用智慧去分析及觀照罪的本源，就能洞悉及拔除罪的根本。

重要

作法懺（事懺）

如同農夫剪除雜草

很重要

取相懺（事懺）

如同農夫大量鋤掉雜草

究竟圓滿

無生懺（理懺）

如同農夫徹底翻土，
連根帶種子除掉雜草

「無生懺」才是究竟圓滿。

08

09 拜大悲懺時，要如何掌握懺法精神？

知禮大師指出《大悲懺》兼有三種懺法，那麼懺本中哪些內容是作法懺、取相懺或無生懺呢？在拜懺的過程中，我們又該如何落實？

◉如何掌握「作法懺」？

宋朝知禮法師版的《大悲懺》修持方式要求非常嚴格，是以三個七日（21天）為一期，拜懺的行者大都是出家人。因此，知禮法師的「作法懺」內容，提出的要求是「身、心要合於嚴謹法度」，其「法度」指的是出家人在修持的這段期間（21天）內應該遵守嚴謹的「戒律」。但現今我們使用的是只需舉行數小時法會版的《大悲懺》，也不是正式受戒的出家人，拜懺時應該怎麼掌握「作法懺」呢？

也許從知禮法師在《大悲懺》「淨三業」中的提醒，可以給予我們一些線索。知禮法師指出，行者在拜《大悲懺》時，身、口、意三業必須：

1. **身論開遮**：行者應該身體力行的事，以及不應做的事。
2. **口論說默**：「說」指口誦佛號或大乘經典，「默」為不說雜語、不做無關的雜事。
3. **意論止觀**：止息一切外境與妄念而貫注於特定的對象（止），並生起智慧觀此一對象（觀）。

對此三業，若給予較寬鬆也較適合在家人法會形式的解釋，應該是：

1. 拜懺時，「身業」清楚地知道什麼是可以做的，什麼是不應該做的，並能身體力行。
2. 「口業」只誦佛號或經典，不說與拜懺無關的其他閒雜話語。
3. 「意業」專注在懺本的念誦、持咒和禮拜上。

如果在法會中，可以掌握每個動作與起心動念，那麼將可實踐《大悲懺》的精神，讓身心從拜懺中得到利益。

三學與三種懺法

禮拜《大悲懺》時，可以用戒、定、慧三學來思維：「作法懺」要求符合「法度」，為「戒」的內涵；「取相懺」以專注持咒來清淨身心，屬於「定」的內涵；「無生懺」以理觀了知，是「慧」的內涵。

戒	作法懺	身：衣著不合 ✖
		口：排隊進場和旁邊的人說雜話 ✖
		意：東看西看，不專心 ✖

| 定 | 取相懺 | 專注定心禮佛、持咒、誦經，當煩惱沉澱、淨化後，便可以與諸佛相應。 |

| 慧 | 無生懺 | 觀想自己的本體（真如本性）和諸佛菩薩一樣，都是「空寂」，彼此沒有任何差別，如此才有可能和諸佛菩薩相應。 |
| | | （能禮所禮性空寂，感應道交難思議。我今頂禮觀音前，感應道交自實現。） |

這是無生懺的最高境界。

我　＝　諸佛

空寂　空寂

◉如何掌握「取相懺」？

取相懺是以諸佛菩薩為對象，透過對佛菩薩的稱名、憶念、禮拜或持咒等方式來懺除罪業。《大悲懺》正是以持誦咒的方式向諸佛懺悔，在《大悲心陀羅尼經》中記載：

> 若侵損食用常住飲食財物，要對十方師懺謝，然始除滅。今誦大悲陀羅尼時。十方佛即來為作證明，一切罪障悉皆消滅。

由此可知，《大悲咒》雖然是觀世音菩薩的心咒，具有滅罪的不可思議力量，但還是需要有所證明（見到諸佛瑞相），才能夠確定知道已經滅罪了。

也許有人會感到氣餒：「拜《大悲懺》也要禮拜到瑞相現前，才代表去除罪障，這不是很困難嗎？」取相懺的懺悔目標是過去「無始以來的罪業」，想要圓滿是條漫長之路，需要耐心和恆心。瑞相不需刻意追求，就如水清則月明，當罪業染污的心轉為清淨時自然會顯現。只要能在拜懺時，以對觀世音菩薩的信心，將身、口、意專注在咒語上，經過一定時間和一定數量的持誦之後，過去的罪業將隨著深切懺悔的淚水逐漸淨化。一旦塵封許久的清淨本性顯露出來，自然而然會和諸佛的光明相應而見到瑞相。

◉如何掌握「無生懺」？

在禮拜《大悲懺》中，身口意要合於法度的「作法懺」，以及禮拜、持咒的「取相懺」都屬於「事懺」，這些都是拜懺的助緣，許多中國祖師都提醒，拜懺能否成功的關鍵在於「理懺」部分，也就是「觀罪性本空」的「無生懺」。翻開《大悲懺》法本，特別是在「觀想文」部分，可以發現文中一再提醒修持者，除了事相上（外表行儀）的禮佛、持咒、念誦之外，還必須在意念上加以理觀，從「般若空性」切入，才能夠達到懺除罪業的最大效果。

比如「頂禮」諸佛時，觀想文云：「能禮、所禮性空寂，感應道交難思議。」此時修行者必須觀想，自己的本體（真如本性）和諸佛菩薩一樣，都是「空寂」，彼此沒有任何差別，如此才可能和諸佛菩薩相應。「懺悔」的觀想文是：「從無始來，不知諸法，本性空寂，廣造眾惡；今知空寂，為求菩提，為眾生故，廣修諸善，遍斷眾惡。唯願觀音，慈悲攝受。」提醒行者必須透過智慧觀照的理懺，瞭解罪性本空的道理，才能達到究竟滅罪的目的。

罪相消除的夢徵

根據經典描述，一個人懺悔罪過，如果罪業已消除，在夢中會出現以下幾種瑞相：

1 夢見諸聖者或口吐黑物

2 清醒時或在夢中，見到觀世音菩薩為自己摩頂

3 夢見正在參加清淨的大法會

4 夢見自己在說法

瑞相不能刻意追求，當罪業漸除，清淨本心顯現，瑞相自然就會出現了！

拜大悲懺時，要如何掌握懺法精神？

09

10 大乘懺悔的特色是什麼？

閱讀大乘懺悔經典，可以發現修持法門非常豐富，有持名念佛、供養、持咒、讀誦書寫經典、禮佛等等，為後世懺法的制作，提供豐富題材。

佛教從原始、部派進入大乘時期，「時間」和「空間」都擴展到無窮無盡。時間上，生命的過去是無始劫（劫，梵文kalpa，代表極大數目的時間單位），從現在發願到未來成就佛果，修行時間要三大阿僧祇劫。空間上，菩薩道發起的是「救度一切眾生」的菩提心，因此懺悔的對象不再只是釋迦牟尼佛，而是包括三世十方一切諸佛菩薩。這種時空觀使得懺悔思想和原始佛教不同，具有以下特色：

◉總懺過去的罪業

從過去無始劫以來的生命，我們並不知道曾經做過什麼，或可能會形成什麼樣的障礙，因此在十方諸佛面前「總懺」過去所有罪業，懺除無始以來的一切罪業。如《大悲懺》的觀想文云：

> 我及眾生無始常為，三業六根，重罪所障，不見諸佛，不知要出，但順生死，不知妙理。我今雖知，猶與眾生，同為一切眾罪所障。今對觀音十方佛前，普為眾生，歸命懺悔，唯願加護，令障消滅。

◉去除「法障」，修行即是懺悔

原始佛教的懺悔是僧團固定聚集時，由犯錯者向大眾坦白說出的「作法懺」。隨著大乘佛教思想的興起和發展，懺悔不再只是懺除「業障」，也包括懺除「法障」，也就是修行大乘佛法上的障礙。舉凡誦經、念佛、觀想、禮佛、持咒等，可以讓心轉污染為清淨的，都被認為可以消除修行上的障礙。如《賢劫經千佛名號經》、《佛說三十五佛名禮懺文》是持誦佛名和禮佛懺悔，《大方等陀羅尼經》、《陀羅尼雜經》是持咒懺悔，《觀普賢菩薩行法》是懺悔六根及誦讀大乘經懺悔，《金光明經》是思維空義懺悔……，種種多元豐富的懺悔法，甚至可以說在大乘佛教中，修行就是懺悔，懺悔就是修行呢！

懺除罪業的四種簡易方法

舉凡誦經、念佛、觀想、禮佛、持咒等，都可讓心從污染轉為清淨，被視為是消除業障及修行障礙的幾個可行的懺悔方式。

1 持佛名

2 持咒

3 誦經

4 思維空性

●時時懺悔

在《佛說舍利弗悔過經》中，佛陀弟子「智慧第一」的舍利弗，有次請教佛陀：如果前世惡業重的人，現在想求佛道，應該怎麼懺悔呢？佛陀回答：應該在清晨、正午、太陽落下、夜深人靜、半夜、清晨，也就是白天三次、晚上三次，在十方佛前真誠懺悔。這每日六時意味著「不間斷、時時懺悔」，因此許多中國祖師在編撰懺法或修持儀軌時都說到，必須「晝夜六時勤行佛事」。

●具備次第清楚的實踐方式

除了懺悔思想，許多經典對於如何修持懺悔，描述方式非常具體。例如懺悔前，應該燃燈、燒香、供花、供果、沐浴潔身、設地置像、莊嚴道場；懺悔時，應該知道「罪的生成」，並觀「罪性本空」；懺悔之後，因為罪業清淨了，對於善法更加好樂，見到他人的善根功德，內心隨之生起歡喜心，請求佛陀能夠久住於世，常轉法輪，最後將所做的善業迴向成就佛果，並供養一切諸佛。於是懺悔再加入「隨喜」、「勸請」、「迴向」、「供養」等元素，成了三悔、四悔或五悔等次第性。這些可以「滅除罪惡」的懺悔次第，也成為後世制作懺法的依據。

●重視理懺

中國佛教經過隋唐盛期的義理思辨和禪宗思想解放，轉而特別重視理觀。天台宗智者大師（法號智顗，538-597年）整理大乘經典，將理觀融入懺悔法門，指出依大乘「理觀」可以「完全懺除」罪業。如《觀菩賢菩薩行法經》云：

> 何者是罪？何者是福？我心自空，罪福無主。一切法如是，無住無壞，如是懺悔，觀心無心，法不住法中，諸法解脫滅諦寂靜。如是想者名「大懺悔」，名「莊嚴懺悔」，名「無罪相懺悔」，名「破壞心識」。行此懺悔者，身心清淨不住法中，猶如流水，念念之中，得見普賢菩薩及十方佛。

理觀的懺悔是直接觀察思維：罪業也是從因緣而生，本無自性，一但錯執的妄心消除，罪業也就滅亡，因此能懺除生死重罪。自此，後世制作的懺法都納入這樣的理懺觀念，形成大乘懺法的主要特色。

大乘懺悔的特色

在大乘佛教中，修行就是懺悔，懺悔就是修行。懺悔不僅要去除「業障」，也要懺除妨礙修行的「法障」，讓心從污染轉為清淨。更重要的是，眾生要理解「業」是從因緣而生，本無自性，一旦錯執的妄心消除，罪業也就滅亡。這種理懺觀念是大乘懺法的主要特色。

1 總懺過去的罪業

要懺悔消除的是從過去無始劫以來到今生的所有過錯。

2 懺除法障

要懺除的不只是業障，還包括阻礙佛法修行的障礙，如貪執、瞋怒心、不害怕輪迴、信心不足。

大乘懺悔特色

3 時時懺悔

每日固定六時（清晨、正午、太陽落下、夜深人靜、半夜、清晨）懺悔，意思就是要時時懺悔。

4 具備次第清楚的實踐方式

懺悔前➡懺悔時➡懺悔後（供香禮拜→持咒懺悔→回向）

5 重視理懺

直接觀察思維，罪業是從因緣而生，本無自性，一旦錯執的妄心消除，罪業也就滅亡。

中國懺法開始於何時？
如何演變？

佛教自東漢傳入中國，受到中國本土儒家、道教重視禮儀文化的影響，懺悔思想逐漸儀式化，從帝王所做的懺悔文、為修行設計的懺悔儀式，到民間流傳的超薦佛事，形成具中國特色的懺法。

中國從東漢到六朝時期（67-589年）長期戰爭，天災人禍不斷，佛法的苦空無常、因果業報的道理，正好適切地撫慰人們。隨著《悔過經》、《菩薩悔過經》、《三品悔過經》等懺悔相關的經典陸續譯出，中國祖師們依據經典，融入當代的思潮與修持方式，組織成一般大眾能夠接受的儀軌組織，帶動中國佛教懺悔儀式的興起。中國懺法起源於晉代，到了南北朝逐漸盛行，隋、唐時期才大為流行。

◉帝王所做的懺悔文

懺悔文的制作首見於南北朝時期（220-581年）多位信奉佛教的君王之手，如梁簡文帝寫的《涅槃懺啟》、《六根懺文》、《悔高慢文》，梁武帝的《慈悲道場懺法》（即《梁皇寶懺》）、《金剛般若懺文》，陳宣帝的《勝天王般若懺文》，陳文帝的《金光明懺文》、《虛空藏菩薩懺文》……這些君王制作的懺悔文大都融合大乘經典禮讚和懺悔內容而成，並沒有具體的儀軌形式。從每個懺文都有「今謹於某處建如（若）干僧、如（若）干日某某懺，見前大眾至心敬禮本師釋迦如來……」等模仿道教的疏文來看，懺悔文一方面宣揚佛教義理，一方面也為動盪不安的國家祈福。

朝廷帝王的提倡，使拜懺的風氣不只盛行於王室，也迅速普及民間。但一般民眾拜懺的態度，還是擺脫不掉本土儒家、道教重視現世利益的影響，首重消災祈福、脫離眼前苦難等，並沒有完整的懺法組織形式。直到隋唐時期，佛教的傳譯經典更加完整，各宗各派思想興起，紛紛撰寫各種懺悔行法，其中影響後世最深的，就是天台宗的智者大師。

懺法的制作

將「懺悔經典」以「儀軌」組織起來，編製成「懺法」。

 懺悔經典 ➕ 懺儀 ➡ 懺法（或稱行法，懺悔儀式經文）

《大悲心陀羅尼經》+《法華三昧懺儀》⇒《大悲懺》

懺法大事記

1 皇帝作懺悔文

年代：魏晉南北朝（220-589年）
人物：南北朝時期多位信奉佛教的君王
目的：宣揚佛教義理，也為動盪不安的國家祈福。
影響：有帝王帶頭提倡，拜懺風氣迅速普及於民間。

六朝(220-589)

隋唐（538-597）

2 出現第一部懺儀

《法華三昧懺儀》
年代：隋朝年間（應在西元575年以後）
作者：天台宗智者大師
目的：將懺法從消災祈福的現世利益，提升到與止觀結合的修行層面。
影響：這是中國第一部內容組織體系最完整的懺悔儀軌，成為以後各宗派制作懺儀的範本。

3 流行超薦佛事

年代：明洪武五年（1372年）
人物：明太祖
目的：超度元朝末年死於戰亂的眾多亡者。
影響：以超薦普度為目的的懺法，在民間廣為流行。

明洪武五年（1372）

原來懺悔儀軌是為修行止觀設計的，到後來才演變成超薦佛事呢！

中國懺法開始於何時？如何演變？

11

◉懺法納入修行實踐

天台宗智者大師參照戒律上的懺悔儀式，融合《法華經》和《觀普賢行法經》，創制出中國第一部組織體系最完整的懺悔儀軌——《法華三昧懺儀》。此時雖然各宗派也成立了許多懺法，如淨土宗的《淨土法事贊》、《五會念佛略法事儀贊》，華嚴宗的《圓覺經道場修證儀》……，但仍以《法華三昧懺儀》的創制對中國懺法的影響最大。它正式將懺法從消災祈福的現世利益，提升到與止觀結合的修行層面，後世懺法的主要組織和精神，大多數都參考這部懺儀。《大悲懺》正是以《大悲心咒陀羅尼經》為底本經典，再套用《法華三昧懺儀》的架構和精神而成。

宋朝為懺法創制的全盛期，特別以天台宗懺法為大宗。天台宗的弟子承繼智者大師的思想，將懺法當成修習止觀的重要實踐，除了編撰新的懺法外，也專修這些懺儀。如《大悲懺》的作者知禮法師，不但講學及編制《大悲懺》、《金光明最勝懺儀》、《修懺要旨》，也精進修習這些懺法。其他知名的還有慈雲遵式（964-1028年）編撰的《往生淨土懺願儀》、《請觀音消伏毒害懺儀》，以及大石志磐（南宋人，生卒年不詳）的《水陸道場儀軌》和靈芝元照（1048-1116年）的《蘭盆獻供儀》。

◉懺法「法會化」

宋朝後隨著佛教思想逐漸衰微，懺法的內在精神也逐漸消失。到了明朝時期，明太祖為了超度元朝末年的死難者，於洪武五年（1372年）廣設超薦佛事，此後為了求得超薦及普度亡靈的懺法就廣為流行。洪武十六年，甚至有國家開設的專門場所，集中寺院僧人學習，作成固定的佛事科儀。許多懺法也開始刪除誦經、禪坐內容，以適應社會需要。原本佛教懺法「禮拜」、「懺悔」的目的，也轉變成「消災植福」或「超度鬼魂」。清朝時著名的懺法有：智旭大師（1599-1655年）所撰的《占察善惡業報經行法》、《贊禮地藏菩薩懺願儀》，以及夏道人編集的《準提焚修悉地懺悔玄文》（即《準提懺法》）等等。至於現今經常舉行的懺法，除了《大悲懺》外，還有《梁皇寶懺》、《慈悲三昧水懺》、《藥師懺》、《淨土懺》、《地藏懺》等等。

現今常見的幾種懺法

梁皇寶懺

消災滅罪，超薦亡者

① 又稱《慈悲道場懺法》，為現今流傳最久的懺法。
② 據傳梁武帝（464-549年）為了拯救身陷地獄的皇后，請寶誌禪師等高僧融合許多經典的懺悔文而做。
③ 共十卷，內容除了皈依三寶、懺悔、發願外，還有多則因果故事，需要三天二夜才能圓滿的大型超度法會。

慈悲三昧水懺

消釋宿世冤業，超薦亡者

① 據傳是唐懿宗時的悟達國師知玄（811-883年）以三昧法水治癒累世冤業者面瘡而創立。
② 共三卷，詳列懺除三障（煩惱障、業障、果報障）的懺法。

藥師懺

消災延壽

① 由《藥師三昧行法》改編而成，又稱《消災延壽藥師懺法》或《慈悲藥師寶懺》。
② 以「藥師如來」為懺悔對象的修行法門，屬天台宗懺法。
③ 共三卷，內容說明藥師如來的十二大願，並勤修此懺法者可仰仗藥師如來的願力，如理懺悔，可得種種利益，心想事成。

淨土懺

往生淨土

① 又稱《往生淨土懺願儀》。
② 由宋代僧人遵式（964-1032年）採用《無量壽經》及其他稱讚淨土的經典編寫而成。
③ 全一卷，隨著淨土信仰的傳播，在民間廣為流傳。

地藏懺

報答親恩，消災延壽，超薦亡者

① 撰者不詳，又稱《慈悲地藏懺法》。
② 以地藏菩薩為懺悔對象，依據《地藏菩薩本願經》、《大乘大集地藏十輪經》、《占察善惡業報經》等經典，以及天台懺法架構編撰而成。
③ 共三卷，特別羅列淫習者、貪習者、慢習者、瞋習者、詐習者、誑習交誣、怨習交嫌、見習交明、枉習者、訟習者等十種人的懺除方式。

《大悲懺》、《淨土懺》、《藥師懺》、《地藏懺》，都是依循智者大師所制定的儀軌喔！

中國懺法開始於何時？如何演變？

11

⑫ 知禮法師為什麼創制大悲懺？

天台宗由隋朝天台山（今浙江省）的智顗大師開創，故後世稱之為「天台宗」。知禮大師創制的《大悲懺》便是依於天台懺法所做。

◉知禮法師生平

《大悲懺》的編集者知禮法師（960-1028年），是北宋時期四明（今浙江省鄞縣）人，世人稱為「四明知禮」，或讚譽為「四明尊者」。據《四明尊者教行錄》記載，法師俗姓金，七歲時母親過世，為報答母恩發願剃度出家，十五歲在興國寺正式受比丘的具足戒。法師從小聰穎過人、學習快速、領悟力強，二十二歲便可以代替老師寶雲法師講說天台宗教義。法師一生專研天台教法，四十歲之後，專門講說懺法及親身實踐修懺四十多年，弟子遍於東南地區，對於後世的天台教法影響深遠。

◉融入天台教觀的《大悲懺》

天台宗的特色是「教觀雙美」，認為教理和實踐如同車子的兩個輪子，只有具足對於教理正確的理解（教），以及透過實踐而得到的真理體驗（觀），才能夠達到真正開悟。天台教法主要依據《法華經》，中心理論為「諸法實相論」，也就是認為宇宙「一切諸法就是實相」。智者大師指出，要落實這個「實相觀」，必須透過「禪觀」，而「懺悔修持」便是正式修行「禪觀」前的重要功課。

天台宗對於懺儀的制作和實踐懺法非常重視，知禮法師在《千手眼大悲心咒行法》（舊版《大悲懺》）的序中提到：

> 此大陀羅尼，忝自髫年便能口誦，且罔諳持法。後習天台教觀，尋其經文，觀慧、事儀足可行用，故略出之誠堪自軌。

法師表示，自小就會誦念「大悲咒」，後來學習天台宗教觀，發現《大悲心陀羅尼經》具備事儀和慧觀，因此加入天台禮懺的十科儀軌，制作成《大悲懺》（約成於999-1017年間），全名《千手眼大悲心咒行法》（收錄在《大正藏》第46冊，第1950經）。法師本人即是懺法的大實踐家，經典記錄當時《大悲懺》一期要連修二十一天，法師共修持十期，最長的一次還曾連修三年。

懺法的大實踐家——知禮法師

基本資料

1. 北宋人，俗姓金，字約言，七歲出家，十五歲受具足戒。
2. 宋真宗賜號「法智大師」，後被尊為天台宗第十七祖。
3. 二十二歲開始宣說教法，著有多部專書駁斥異說，導正天台教法，力弘天台教觀。
4. 專務修懺四十年。

修懺紀錄

- 法華懺五次（30日／次）
- 金光明懺法二十遍（10日／次）
- 彌陀懺法五十遍（7日／次）
- 請觀音懺八遍（49日／次）
- 大悲懺法十遍（21日／次）
- 法華懺、大悲懺各三年。

知禮法師

重要著作

- 《十不二門指要鈔》
- 《智顗觀音玄義》
- 《金光明經玄義》
- 《金光明經文句記》
- 《解謗書》
- 《大悲懺儀》
- 《修懺要旨》
- 《光明懺儀》

傳世事蹟

1. 四十年修懺期間，「常坐不臥，足無外涉」。
2. 為旱災祈雨，修懺三日，發願若不下雨，將燃臂、燃身供佛，果然天降甘霖。
3. 往生後，指甲、頭髮變長，火化時舌根不壞，像蓮花形狀。

知禮版的《大悲懺》一次必須連修21天，這麼專注地修懺，難怪會有所應驗！

13 哪些人影響了大悲懺的發展與傳佈？

將《大悲懺》訂爲定時禮拜的自慶法師、提倡法會的明朝皇帝、撥亂反正的智旭法師，以及重新編撰的讀體法師等人，推波助瀾了《大悲懺》的流傳。

●自慶的《教苑清規》

在知禮法師版《大悲懺》完整修持的二十一天中，要求行者必須隨時專注行、住、坐、臥的每一個起心動念，此時的修懺如同閉關，是在某段時間特定場所的閉門修持。到了元朝，在天台宗僧人自慶所編撰的寺院儀軌書《教苑清規》（1347年刊行）中，特別將《大悲懺》訂爲僧人每年的結夏安居（專心三個月修行）首日必須禮拜的懺法，並具體列出應該準備手爐、燭台、散花等修懺法器及繪製修懺圖。此時，《大悲懺》已經具有法會形式，成爲僧侶年度固定舉行的行事。

●提倡法會的明太祖、明成祖

到了明朝，明太祖爲了超度元末死於戰亂的亡靈，大力推動法會普及化。社會各階層爲消除累世惡業，普遍延請僧人舉行祈福、延命、喪葬、報父母恩等法會，朝廷還特別設立教院，由僧侶負責提供一般民眾需求。隨著觀世音信仰深入民間，永樂九年（1411年），明成祖還特別爲《大悲心陀羅尼經》寫序：「秉心至誠持誦，佩服此經咒者，種種惡趣，種種苦害，咸相遠離，咸得圓融，超登妙道。」皇室的提倡、肯定，帶動民間《大悲懺》的舉行。

●智旭的《千手眼大悲心咒行法辯訛》

隨著法會深入民間，許多懺法儀軌爲了適應法會的舉行或增刪或修改，《大悲懺》也是如此。明朝天台宗僧人智旭（1599-1655年）寫的《千手眼大悲心咒行法辯訛》，批評這些被改編的《大悲懺》，內容一再被杜撰或改腔換調，已經完全不是過去所聽聞的，令人「不忍聞矣」；而過去行者拜懺前，對於事儀、理觀必須先精熟，但後人不但無法做到，還將懺本中理觀部分刪除，只剩

《大悲懺》的歷史大事記

西元

1 天台修行版的《大悲懺》本
1. 知禮法師製作,共10科。
2. 修懺如同閉關,完整修持需21天。

約999~1017

2 初具法會形式
1. 元代天台宋僧人自慶撰編《教苑清規》,第一次將《大悲懺》訂為僧侶固定舉行的行事。
2. 具體列出應準備的「修懺法器」和「修懺圖」。

1347

3 《大悲懺》法會普及化
1. 1372年,明太祖廣設超薦佛事,推動法會普及化。
2. 1411年,明成祖為《大悲心陀羅尼經》寫序,帶動民間《大悲懺》法會的舉行。

1411

4 撥亂反正的《千手眼大悲心咒行法辯訛》
1. 天台宗僧人智旭著。
2. 批評社會流傳的《大悲懺》版本或杜撰或改腔換調,不成體統。

1643

5 法會簡化版的《大悲懺》
1. 讀體法師刪文重纂,寂暹法師校梓。
2. 將知禮版的10科刪減為5科。

1819

6 現今的《大悲懺》
1. 各道場發行的單行懺本仍以讀體版為主,內容或有小部分增刪,原則上變化不大。
2. 如增加香讚、疏文,或替換不同的「讚佛偈」,或刪減部分觀想文。

1916迄今

下部分的佛名和懺悔文，真是「深可悲痛」⋯⋯。從智旭批評的內容，大概可以看出當時法會化《大悲懺》的狀況。

●讀體法師重纂、寂暹法師校梓的《大悲懺》

現在使用的法會化《大悲懺》，是由讀體法師刪文重纂、寂暹法師補像校對印行的版本。讀體法師（1601-1679年）為雲南楚雄人，從小精通繪畫，特別擅長繪畫觀世音菩薩像；十七歲時，讀到《華嚴經》的〈世主妙嚴品〉，而體悟出家；之後依止三昧寂光律師受具足戒，成為正式的出家人。在明末清初佛教戒法淪喪之際，讀體法師提倡律學，整肅許多寺院的陋規，加上自律甚嚴，是各界人士尊重的一位律師。近代著名的弘一大師便曾在《一夢漫言》寫道：

> 師一生接人行事，皆威勝於恩，或有疑其嚴屬太過未近人情者；然末世善
> 知識多無剛骨，同流合污，猶謂權巧方便、慈悲順俗以自文飾；師之言行
> 正是對症良藥。

正因為讀體法師自身的威德，他於1645至1665年間刪減、重編的法會版《大悲懺》很快就被大家接受，成為清朝寺院舉行的標準版本。

法會版的《大悲懺》流通十餘年之後，清朝的寂暹法師在嘉慶二十四年（1819年）再次參考許多版本，重新編輯刻版印刷。此後《大悲懺》內容就很少再更動，形成今日參加大悲懺法會主要使用的版本，全名為《千手千眼大悲心咒行法》（收錄於《卍續藏經》第74冊，第1480經）。到底讀體或寂暹法會版的《大悲懺》和知禮修行版的《大悲懺》，兩者差別在哪呢？比對後發現，二者的順序沒有改變，只是法會版的《大悲懺》從十科刪減成五科，刪去的是：

> 1.進入懺壇的環境和身心的準備工作「嚴道場」、「淨三業」、「結界」；
> 2.修供養之後的「請三寶諸天」（民國五年編輯的懺本又補了回去）；
> 3.最後的「修觀行」。

刪去一半以上的禮儀及最後「修觀行」部分，並重纂少部分內容，就成為適合法會舉行的《大悲懺》了。今日在大悲懺法會上，各道場所印行的單行懺本或許略微增刪少部分的儀事文字，但仍以此版本為主。

修行版 vs 簡化法會版《大悲懺》

天台「修行」版

- 全名《千手眼大悲心咒行法》（知禮大師集）
- 10人以內，全程21天，於特定場所閉門專心修持的懺法。

知禮法師

共有十個流程（十科）：

❶ 嚴道場 ┐
❷ 淨三業 ├（進入懺壇之前的準備工作，包括身心及外在環境。）
❸ 結界 ┘
❹ 修供養
❺ 請三寶諸天

❻ 讚歎申誠
❼ 作禮發願
❽ 持咒
❾ 懺悔
❿ 修觀行（透過前面九個步驟來消除禪修障礙，以止息妄念，生起正確的觀察智慧。）

簡化「法會」版

- 全名《千手千眼大悲心咒行法》（讀體法師重纂，寂暹法師校梓）
- 2-3小時就可完成的懺悔法會。

讀體法師

刪除後，只剩五個流程（五科）：

嚴道場 ┐
淨三業 ├（刪除進入懺壇的環境和身心的準備工作）
結界 ┘
❶ 修供養
請三寶諸天（此項在民國五年的懺本又補了回去）

❷ 讚歎申誠
❸ 作禮
❹ 發願持咒
❺ 懺悔
修觀行（刪除進入觀堂修止觀）

> 90%以上接近現在我們所使用的版本

哪些人影響了大悲懺的發展與傳佈？

13

14 大悲懺參照了哪些經典？

《大悲懺》是以《大悲心陀羅尼經》為底本，再參考智者大師的《法華三昧懺儀》而成的懺法，這兩本經典談的是什麼內容？

●《大悲心陀羅尼經》

《大悲懺》的底本經典是唐代天竺人伽梵達摩翻譯的《大悲心陀羅尼經》。《大悲心陀羅尼經》是個簡稱，原來的名稱是《千手千眼觀世音菩薩廣大圓滿無礙大悲心陀羅尼經》。觀世音菩薩有各種形象的化身，如四臂、十八臂，或三十三種化身觀世音等等，而這部經的觀世音化身則是「千手千眼觀世音菩薩」。我們從經名可以知道，這部經是說明千手千眼觀音菩薩的根本心咒——「廣大圓滿無礙大悲心陀羅尼」（一般簡稱為「大悲咒」）的經典。

經典內容描述，有一次佛陀在補陀落迦山觀世音菩薩的宮殿說法，現場與會的許多菩薩、聲聞、人天鬼神等被觀世音菩薩所顯現的神通所震懾，向佛陀問明緣由。佛陀於是向眾人表示，這是觀世音菩薩為了能夠安樂一切眾生而從無量劫以來修習咒語所發出的光芒，並請觀世音菩薩向眾人說明此咒。觀世音菩薩於是說明得到大悲咒的因緣、持誦應該發起的十大願，以及應破除的六種惡法、大悲咒語內容、誦持的功德利益和方式等等。

●《法華三昧懺儀》

《法華三昧懺儀》共一卷，由智者大師參照《法華經》和《觀普賢行法經》撰寫，目的是為了輔助修行者觀修實踐「法華三昧」。「法華三昧」是以《法華經》的精神，也就是令心專注在「思維諸法實相」的禪定修持，而《法華三昧懺儀》就是記載修持法華三昧的方法及正修步驟的行儀，所以此經典的副標題為「法華三昧行事運想補助儀禮法華經儀式」。《大悲懺》以及中國大部分的懺法，在制作懺儀的架構及觀想內容等方面，均是參考自《法華三昧懺儀》。

延伸閱讀

1. 《法華三昧行事運想補助儀》：唐‧天台宗高僧湛然法師（711-782）著。針對修持天台懺法時，如何觀修事懺和理懺補充說明。
2. 《修懺要旨》：宋‧知禮大師著，收錄在《四明尊者教行錄》。以理懺角度補充說明《法華三昧懺儀》。

形成大悲懺的兩部重要經典

大悲懺的構成來自兩部經典，一是《大悲心陀羅尼經》，全稱為《千手千眼觀世音菩薩廣大圓滿無礙大悲心陀羅尼經》，另一是《法華三昧懺儀》。

底本經典

大悲心陀羅尼經

全名《千手千眼觀世音菩薩廣大圓滿無礙大悲心陀羅尼經》

唐‧伽梵達摩（約650-655年）譯，共一卷，
《大正藏》第20冊，第1060經。

「陀羅尼」是梵語dhāraṇī的音譯，即咒語。原意為「總攝憶持」，表示持念可以讓內心「對一切善法不失散，對一切惡法不令起作用」。

主要內容：

❶ 觀世音菩薩向大眾說明得此咒的因緣
❷ 持誦應該發起的十大願和應破除的六種惡法
❸ 大悲咒語
❹ 誦持的功德利益和方式等等

異譯本

唐‧不空（705-774年）譯，《千手千眼觀世音菩薩大悲心陀羅尼》，
全一卷，《大正藏》第20冊，第1064經。

儀軌架構和
觀想文來源

法華三昧懺儀

全名《法華三昧行事運想補助儀禮法華經儀式》

唐‧智顗撰，共一卷，《大正藏》第46冊，第1941經。

主要內容：

❶ 勸修：指出修持法華三昧的種種勝妙功德
❷ 前方便：開始修之前要先調整好內心狀態，放下所有雜事，並做好莊嚴道場等準備。
❸ 精進方法：在修持時，事相上的禮拜、禪坐等應該保持專注，而理論上應該思維「心性的不生不滅」。
❹ 正修行方法
❺ 略明修證相

相關註解儀軌書

❶ 《法華三昧行事運想補助儀》，唐‧湛然撰，共一卷，《大正藏》第46冊，第1942經。
❷ 《修懺要旨》，收錄《四明尊者教行錄》卷2，《大正藏》第46冊，第1937經。

14

15 為何參加拜懺前要先瞭解內容？

《大悲懺》是群體共修法會，對於如何修持大悲咒提供具體、詳實的儀禮程序，在參與前，應該對將修的內容有一定瞭解，拜懺才會有效果。

許多人拜懺時會有這樣的經驗：其實並不太瞭解正在念誦的內容，只是嘴巴跟著念，心裡卻混亂分神，當警覺到正在胡思亂想而努力想把思緒拉回時，效果卻不太好。或者偶爾被周遭的氣氛感染，引發短暫的感動與清淨感，但因為不瞭解意涵或儀式意義，拜懺深度與延續性不足，一切似乎徒具形式。下次或許想獲得念誦的功德力，還會再參加，但過不了多久便覺得沒有什麼味道，而開始懶散退卻。

◉拜懺必須以智慧引導

如果在拜懺之前，對於內容沒有任何瞭解，就算當下偶爾專注持心，其實並沒有多少實質幫助。孕育《大悲懺》的天台宗，自古以「教觀雙美」著稱，認為對教法正確的瞭解（教）及透過實踐得到的真實體驗（觀），就像車子二邊都必須有輪子，邁向成佛才有可能。智者大師指出：

> 夫行名進趣，非智不前；智解導行，非境不正。智目行足，到清涼池。而解是行本，行能成智，故行滿而智圓。——《妙法蓮華經玄義》卷3

修持又稱為進趣（行動），沒有智慧輔助無法前進，有了智慧當前導，沒有境（目標）會不正（偏離），若以智慧當眼睛，以行持當雙腳，就可直達清淨的佛果地。換句話說，理解是行持的根本，而行持得到的體證能夠成就智慧。智慧如同雙眼，行持如同雙足，完整具備二者，才能走向最後究竟的開悟。

如果在拜懺前，能先聽聞（聞）及瞭解懺法的內容（思），那麼在參與法會正修的時候，內心就會如理如量地現起先前所瞭解的經文，並自然思維及觀察（修）。要特別注意的是，這裡的瞭解不只是文字的表層意義，由於懺悔是跟你自己的生命有關，所以對懺文內容不但需要有正確的認識，還必須在內心生起堅固的信解。如果能夠這樣，那麼在懺儀過程中，就能「信願具足」，對觀世音菩薩的大悲大力生起依護的情感，在真誠懇切地懺悔持咒、禮拜後，將會漸漸感受到身心的清淨，生命也會慢慢被轉變。

《大悲懺》要如何聞、思、修？

《大悲懺》是一場實修的法會，參與前必須先聽聞修持的相關內容，有正確的瞭解，懺悔效果才會事半功倍。

聞 什麼是懺悔？為什麼要懺悔？懺悔要懺什麼？拜懺能得到什麼好處？⋯⋯

思 對於聽聞得來的內容，進一步思考，對內容生起確定性的瞭解。

修 經過思維判斷，有了正確的智慧之後，還要不斷修持並親身驗證，才能改變生命。

佛陀告訴我們，以正確的智慧做為基礎的實修，才有可能達到和他一樣的開悟。

15

16 什麼是觀想？要如何隨文觀想？

修學佛法目的是要轉變我們的「心」，當心轉變了，生命才可能從浮浮沉沉的生死輪迴，轉而走向究竟成佛。懺法便是以「觀想」為實踐方式，來轉變我們的心。

「觀想」可以是一種思維、想像，或是為了達到某個目的的一連串過程。這是佛教修行方法中非常重要的觀念，不論是簡單或繁複的觀想，大致不脫離集中觀想和分析觀想二種。

●集中觀想法

「集中觀想」是將心念集中於某一對象，以去除昏沉、貪欲等等妄念，也就是讓心離開一切對錯、好壞、美醜……差別思維，讓精神統一，達到無念無想的寂靜狀態。集中觀想的對象可以是自己以外的某個對象，如諸佛的法相或佛號，也可以是自己身體或感受的某部分，如呼吸或聽覺的生滅。集中觀想時，並不是光安安靜靜什麼都不做或什麼都不想，而是對於專注的對象隨時保持清醒的心。

如念誦「南無大慈大悲觀世音菩薩」佛號時，如果以觀世音菩薩的形像為觀想對象，那麼必須將觀世音菩薩的尊容、大小及二臂、四臂或千手千眼等特徵銘記在心，集中精神觀想觀世音菩薩正在自己的前方，不讓他的形像從心中消失，頭腦保持清晰，耐心持續地觀想。集中觀想的目的，是藉由將心力集中在善法上，以除去種種妄念，最後再進而從有相進入無相，泯除一切對立的差別，體證萬法的平等性。

●分析觀想法

「分析觀想法」是指以智慧思維及觀察某個特定的理路或事物。上文的「集中觀想」屬於「止」，也就是戒定慧三學的定學；「分析觀想法」則是「觀」，屬於慧學。**在運用分析觀想法時，必須對所要觀想的內容先有所認識，並產生一定的瞭解。**《大悲懺》是持誦「大悲咒」懺悔的法門，整體儀軌就是以分析觀想法設計的。

翻開《大悲懺》的懺本，在以〈香讚〉開啟法會之後，內容依序為：

拜大悲懺時要如何觀想？

不論是拜《大悲懺》或其他懺法，智者大師在《法華三昧懺儀》中提醒我們，在過程中要隨著懺文觀想，才能達到拜懺的最大效果。但要如何隨懺文觀想呢？

集中觀想　　　止

1 要專注在字句上，讀誦時一字一句都要清清楚楚，不拉長不急促，也不可念錯。
（夫誦經之法，當使文句分明，音聲辯了，不寬不急，繫緣經中文句，如對文不異，不得謬誤。）

分析觀想　　　觀

2 等心沉靜下來了，再以智慧思維文字的含意，並生起一定的信解。
（當次靜心，了音聲性，如空谷響；雖不得音聲，而心歷歷，照諸句義，言詞辯了。）

智者大師

融入理懺的分析觀想　　　理觀

3 發菩提心，以般若空性智慧觀照。此時沒有時間與空間的限制，運心觀想自己化為無量身，遍禮無量佛。
（運此法音，充滿法界，供養三寶，普施眾生，令入大乘一實境界。）

16

1. 稱念「南無大悲觀世音菩薩」皈依

2. 迎請、供養頂禮三寶

3. 皈依頂禮觀世音菩薩及大悲咒的緣由，並頂禮三寶及諸天鬼神

4. 發起和觀世音菩薩一樣的十六願

5. 持咒

6. 懺悔

7. 罪業清淨懺除，並再次皈依

8. 回向

其架構有嚴謹次第，前面皈依、頂禮及發願，都是為了能夠發起對持誦「大悲咒」的淨信心；有淨信的持咒，加上真誠懺悔，才可以達到懺除罪業的效果。

◉《大悲懺》是融入理懺的分析觀想法

除了這些正式的懺文外，中國祖師們還特別重視理懺。《大悲懺》在每段儀軌中融入「理懺」的觀想文，也就是所有的內容都必須加以「實相」觀想。如迎請、供養三寶的觀想文是：

> 一切三寶及法界眾生，與我的身心是無二無別。諸佛已悟，眾生尚迷，我為眾生翻迷障，故禮事三寶。

因此參與《大悲懺》前，除了必須對懺法內容有一定的瞭解研究，能夠隨著懺儀的內容生起如理如量的思維觀想外，還必須對一切諸法的真實相狀，也就是涵蓋空性哲學的理懺能夠深入地思考分析。在進行懺儀的過程中，如果能夠如理體證「一切罪福之相皆空寂」，才可以徹底懺除罪根。

許多人可能會認為這一連串的觀想過程看起來很困難。短短二小時的大悲懺法會，濃縮了很多佛教修持的內涵，要能隨之觀想確實不太容易，需要一次一次不斷重複修持。靜下心來仔細想想，我們會覺得困難往往是因為過去並不熟悉這種思維方式；現在開始瞭解了，也知道它的重要性以及可以帶給我們的幫助，接下來只要不斷親近相關教法，逐漸讓自己習慣這種分析式的觀想法。如果能夠持續透過以智慧思維觀察的方式拜懺，將會發現逐漸能夠不以自我為中心，而是用正確的實相觀來思維，體驗到觀想的真實喜悅。

成功觀想的祕訣

想要獲得拜懺的最大效果，成功觀想是不可或缺的一環，要一次到位雖然不容易，但就像日常學習泡茶一樣，幾個小祕訣就可讓你更快進入情況。

成功泡茶的方法

1 熟知
認真學習並記下泡茶的方法和過程

2 專注
整個過程要專心一意地進行

3 練習
不斷練習，最後達到禪茶一如的狀態

成功觀想的祕訣

1 熟知
徹底瞭解並記下儀式過程和觀想內容

2 專注
儀式過程中，專注執行每個步驟和觀想

3 練習
不斷實踐，最後身心完全融入大悲懺本的世界中

關於觀想文

現在許多道場將懺本的觀想文刪減了，想深入瞭解其含意，最好是找出原版的觀想文來看。如果不瞭解觀想文，就會像智旭大師所言，拜大悲懺剩下的是「但抄佛位」、「深可悲痛」，或懺文只是「賣弄聲音」的經懺法會而已，無法達到真正懺悔的功能。以下的例子是觀想文刪減前後的對照。

觀想文很重要，可以幫助我們進入宗教的神聖氛圍中，必須熟悉甚至背誦。

原版觀想文

我此香華徧十方，以為微妙光明臺，諸天音樂天寶香，諸天肴膳天寶衣，不可思議妙法塵，一一塵出一切塵，一一塵出一切法，旋轉無礙互莊嚴，遍至十方三寶前。十方法界三寶前，悉有我身修供養，一一皆悉遍法界，彼彼無雜無障閡。盡未來際作佛事，普熏法界諸眾生，蒙熏皆發菩提心，**同入無生證佛智**。

刪減成 →

法鼓山、佛光山版

我此香華徧十方，同入無生證佛智。

16

17 如何才能唱誦好大悲懺？

在拜懺過程中，除了要瞭解每段懺文的內容外，也要知道各種文體的功能，才能在不同儀節中正確地掌握唱誦時的心境。

《大悲懺》的文體有散文、咒語、讚、偈、佛號、白文、文疏等，不同的文體會配合不同步調與節奏的梵唄唱誦。

●散文和咒語

散文和咒語是整部懺本的重點。「散文」是最常見的經文格式，由字數不等的句子串連起來；而「咒語」是由梵文直接音譯，因為聲音被認為具有不可思議的力量，所以經典譯者一向不譯出意思，只用中文記錄發音。散文和咒語的旋律比較簡單，念到散文時，萬一心思散亂，可專注在每個字的聲音上；而當心力可以集中時，再以句子或段落為單位，對內容思維觀察。至於咒語一般都以經行方式進行，此時唱念者要以輕鬆、和諧、端莊的方式跟隨大眾繞佛，將專注力放在持誦咒語的音聲上面。

●佛號、讚和偈

佛號、讚和偈一般都有固定的旋律模式。「讚」是長短句，「佛號」和讚都是稱頌諸佛菩薩的功德，會套用中國的曲牌旋律，以引發對諸佛菩薩的信仰情感。《大悲懺》是一部簡要的懺法，「讚」只出現在一開始的〈香讚〉，希望以裊裊香煙來傳達拜懺者的真誠，迎請諸佛菩薩到來。「偈」則是詩體形式，有四言、五言、六言、七言、八言不等，一般用來強調經文的重點或宣揚佛德，常運用在儀式段落的連接上，在《大悲懺》中只出現在最後的〈回向偈〉。

●白文和文疏

白文和上疏都是由維那法師（負責統理寺中僧眾雜事的職僧，在法會中手執大磬、引磬者）或主法法師單獨口白的方式說出。在《大悲懺》中，「白文」出現在觀想文部分，由維那法師獨白念出，提醒大眾此時應該如何運心觀想。上疏的對象則是諸佛菩薩，一般接在法會即將結束的發願回向之後，把法會的功德主上稟佛菩薩，並告知法會已經圓滿結束。

《大悲懺》的文體與動作

	例舉	特色與用意	動作
散文	南無過去正法明如來，現前觀世音菩薩，成妙功德，具大慈悲於一身心，……	● 常見的經文格式 ● 用來念誦或思維	● 以跪念方式進行 ● 可專注於字句或思維經文
咒語	南無喝囉怛娜哆囉夜耶 南無阿唎耶。婆盧羯帝爍鉢囉耶。菩提薩埵婆耶……	● 一連串的音聲，由梵文直接音譯而來。	● 以經行方式進行 ● 專注在持誦咒語的音聲上面
佛號	南無香雲蓋菩薩摩訶薩（三稱）南無本師釋迦牟尼佛（三稱）	● 諸佛菩薩的名號 ● 讓拜懺者起皈依的心	● 跪拜進行 ● 恭敬呼喚佛菩薩名
讚	爐香乍熱。法界蒙熏。諸佛海會悉遙聞。隨處結祥雲。誠意方殷。諸佛現全身。	● 長短句形式 ● 如《大悲懺》一開始的〈香讚〉，拜懺者透過裊裊香煙傳達真誠，迎請諸佛菩薩前來。	● 站立進行 ● 由衷讚歎佛菩薩的美好莊嚴
偈誦	禮懺功德殊勝行，無邊勝福皆回向，普願沈溺諸眾生，速往無量光佛剎。……	● 詩體形式 ● 大悲懺本只出現在最後的〈回向偈〉	● 站立進行 ● 宣揚佛德，或引發對諸佛菩薩之情。
白文和文疏	我此香華徧十方，以為微妙光明臺，諸天音樂天寶香，諸天肴膳天寶衣，……	● 白文：提醒拜懺眾人運心觀想。 ● 疏文：在法會最後，將功德主上稟佛菩薩。	● 以站或跪方式進行 ● 由維那或主法法師以單獨口白的方式說出

儀式流程是精心設計過的，或站或跪或經行等動作交替進行，讓拜懺者不會因維持同樣姿勢過久而疲憊或分神。

17

⑱ 認識大悲懺的懺儀結構

懺悔是個實踐法門，有一定的方法和步驟，祖師們依照經典制作的懺法，千百年來一步步的帶領人們排除障礙，邁向修學的成佛之路。

◉按部就班，引發內心真誠的懺悔

從凡夫到最終圓滿的成佛，佛陀開展出許多教法，「懺悔」是其中之一，用來幫助我們排除修學上的障礙，順利邁向成佛之路。能否有效淨除障礙的關鍵，在於如何引發內心「真誠的懺悔」。祖師們制定的懺法有清楚的架構，我們只要能瞭解當中的內涵，依照法會過程所採用的方法和步驟，或讚佛，或念誦經文，或持咒……，正確的思維、觀察，內心自然可以生起真實的懺悔心，隨著流下的淚水，身心得到洗滌，生命得到淨化。

◉《大悲懺》的架構

一般佛教的儀式流程主要分成「禮讚三寶」、「正文」（經文、咒語）、「發願回向」三部分，也就是先在心裡生起對三寶的信心與皈依心，接著正式讀誦經文、持咒懺悔；最後再將所修持的功德用來祈願罪業消除、解冤釋結，回向給自己和一切有情眾生，圓滿成就佛果。《大悲懺》同樣也是以這三個流程來安排，只不過更為細膩，後面還分成了五科，請見右頁圖表說明。

◉《大悲懺》基本元素：懺文、觀想文和儀式註解

《大悲懺》的懺文部分主要取自《大悲心咒陀羅尼經》，隨著懺文應生起的觀想部分，則是參考自《法華三昧懺儀》。除了懺文之外，因為整場法會是以梵唄方式誦念，因此在每段懺文前，都會有段儀式的小字註解提醒，該在什麼地方使用法器，動作是禮拜或長跪，是大眾一起唱念，還是只有主法法師或維那法師開腔口白，大眾默聲觀想……，讓初學的大眾有所依循，知道應該在何處進或止，次序不會混亂，而大眾共修也可以動作一致、專心一意，場面整齊莊嚴。

《大悲懺》的懺儀架構

三流程	五科	說明
禮讚三寶	第一科 迎請、供養	進入正文前的準備，藉以轉換身心。身心沉靜後，更能融入懺本世界。
	第二科 讚歎申誠	為了對接下來的持咒懺悔能夠生起信心，此時重新讚歎「大悲咒」不可思議的力量以及觀世音菩薩的悲願。
	第三科 作禮	頂禮佛法僧三寶。在請佛、讚佛之後，通常都接著禮佛。
正文	第四科 發願持咒	正式懺悔前，先要發起和觀世音菩薩一樣的大悲誓願來持咒。
	第五科 懺悔	懺悔的罪業除了現世的過錯，還包括無始以來無明煩惱所犯下的種種過失。
發願回向	皈依、回向	祈願此後，起心動念都能皈依三寶，並將法會修持的善法轉施給眾生及成就佛果。

《大悲懺》懺本的組成元素

翻開《大悲懺》懺本，你知道哪個部分是懺文，哪個部分是觀想文或儀式註解嗎？

道成就如來香。眾同舉

首句

我此香華徧十方、執至徧爐隨字
默散運花云置盤
以為微妙光明

臺。諸天音樂天寶香。諸天肴膳天寶衣。不可思議妙

法塵。一一塵出一切塵。一一塵出一切法。旋轉無閡

互莊嚴。徧至十方三寶前。十方法界三寶前。悉有我

身修供養。一一皆悉徧法界。彼彼無雜無障閡。盡未

來際作佛事。普熏法界諸眾生。蒙熏皆發菩提心。同

觀想文
隨著懺文應生起的觀想，內容參照自《法華三昧懺儀》。

一切恭謹。△
和眾隨

一心頂禮十方常住三寶。△
爐主者舉

拜起問訊置

是諸眾等各各胡跪嚴持香華如法供
養。○
念華字捧盤
齊眉眾同舉

願此香華雲徧滿十方
界。○
一一諸佛土無量香莊嚴具足菩薩

懺文
大的粗體黑字是主要的懺文部分，取自《大悲心咒陀羅尼經》。

儀式註解
法會是以梵唄方式誦念及跪拜，為了讓大眾知道何處該做什麼或加入哪種法器，會隨時在經文加入註解提醒。

認識大悲懺的懺儀結構

18

89

Part 2

大家來讀大悲懺

禮拜大悲懺可以得到多少效果和功德，端看我們對內容的瞭解和掌握程度。如果能事先學習懺文，深入思維當中的法義，拜《大悲懺》時，這些學習將會轉化為一股強大的力量，策動我們專注禮拜，快速進入懺文世界中，達到最佳的拜懺效果。本章除了解說懺文結構和內容，還提出許多關鍵問題，有助於掌握懺文精神。

本章學習重點：

• 為什麼法會以〈香讚〉開始？
• 《大悲懺》是向誰懺悔？他為什麼可以救護我們？
• 什麼是一心？如何緣到重重無盡的法界？
• 為什麼持咒懺悔前要先發願？
• 「大悲咒」的內容和持誦的利益？
• 《大悲懺》以哪十種逆轉心的方法懺悔？

香讚

爐香乍熱。法界①蒙熏。諸佛海會悉遙聞。隨處結祥雲。誠意方殷。諸佛現全身。

南無②香雲蓋菩薩摩訶薩。南無本師釋迦牟尼佛。

南無大悲觀世音菩薩

當念一切三寶及法界眾生，與我身心無二無別。諸佛已悟，眾生尚迷，我為眾生翻迷障，故禮事三寶。

一切恭謹，一心頂禮，十方常住三寶③。

是諸眾等，各各胡跪④，嚴持香華⑤，如法供養。願此香華雲，徧滿十方界，一一諸佛土，無量香莊嚴，具足菩薩道⑥，成就如來香⑦。

我此香華徧十方，以為微妙光明臺，諸天⑧音樂天寶香，諸天肴膳天寶衣。不可思議妙法塵⑨，一一塵出一切塵，一一塵出一切法，旋轉無礙互莊嚴。遍至十方三寶前，十方法界三寶前，悉有我身修供養，一一皆悉遍法界，彼彼無雜無障閡⑩。盡未來際作佛事⑪，普熏法界諸眾生，蒙熏皆發菩提心，同入無生⑫證佛智。

重點提問A：
為什麼大悲懺法會要〈香讚〉開始？
（見第19題，96-97頁）

重點提問C：
這裡運用了哪些感官觀想供養？
（見第21題，102-103頁）

重點提問B：
為什麼「佛」和「眾生」的身心是無二無別呢？
（見第20題，98-101頁）

第一科懺文的名詞解釋

❶ **法界**：「法」為軌持，指一切事物能讓人認出來的特性；「界」為分門別類的不同事物，各自不同的界限。「法界」即指我們的意識可以感受到對象的所有事物，泛指有為、無為的一切諸法，也就是宇宙萬物的一切。

❷ **南無**：梵namas，意譯為歸命、歸禮或皈依。原為「禮拜」之意，但多使用於禮敬之對象，表示皈依信順，含救我、度我、屈膝等意思。通常接在佛名之前，如「南無釋迦牟尼佛」，表皈依、禮敬釋迦牟尼佛的意思。要特別注意的是，其中「無」為梵語ma，古音讀為「ㄇㄛˊ」，不可讀為「ㄨˊ」。

❸ **十方常住三寶**：十方為四方、四維及上下的總稱。大乘佛教主張十方有無數世界及淨土，稱為十方法界；「三寶」指佛、法、僧。「十方常住三寶」是指十方恆常安住在過去、現在、未來三世的佛法僧。

❹ **胡跪**：指印度、西域地區單腳屈膝的跪姿，表示尊敬。這樣的跪姿原來中國並沒有，所以稱之為「胡跪」；之後在懺文中，不論是單腳或雙腳屈膝都稱為「胡跪」。

❺ **香華**：「華」為「花」的古字，「香華」也就是香花，是佛教常用的供品。大悲懺法會固定會先預置「檀香」數塊、「鮮花」數朵在小盤碟中，以備懺儀大眾供養觀想使用。

❻ **菩薩道**：指大乘佛教以修六波羅蜜（即布施、持戒、忍辱、精進、禪定及般若），圓滿自利利他的成就佛果之道。

❼ **如來香**：「如來」是佛陀的稱號之一，如來香也就是佛香。此指能成就和佛一樣的戒香、定香、慧香。

❽ **天**：為六道之一，在天道的天人業報是六道中最好的。許多經典都有記載，天人歡喜做佛事，有法會時，會飛行於虛空中，奏天樂、散天花。

❾ **法塵**：指讓我們產生意識的種種外境。佛教中的「法」有多種意思，有時特別指佛陀的「教法」，但這裡泛指所有存在與非存在的物質。

❿ **閡**：阻礙、妨礙。

⓫ **作佛事**：原來是指可以發揚佛陀威德之事，之後引申為與弘法有關的活動或儀式。

⓬ **無生**：指到達「無生忍」的境界，亦即能夠徹底認知空、實相的真理：一切法不生不滅，並且安住在這樣的真理當中。此處的「忍」，是確認、確知的意思。

第一科懺文的白話解說

大悲懺法會即將開始，點燃的爐香充滿熱氣，裊裊上升的燒香薰染整個法界。十方三世一切的諸佛菩薩聽聞到響起的梵唄，為娑婆世界的眾生感到安慰欣喜。虛空之中處處結著祥雲，諸佛菩薩受到法會大眾真誠殷切地祈請，正在虛空中，慈悲地俯視著我們。

禮敬皈依「香雲蓋菩薩摩訶薩」。

禮敬皈依娑婆世界的教主「釋迦牟尼佛」。

禮敬皈依大悲法會的懺主「觀世音菩薩」。

（迎請時，應該要這樣觀想：）十方三世一切的佛、法、僧三寶，以及六道中的所有眾生，和我能夠徹底覺悟成佛的本性其實是沒有任何差別的。唯一的差別是：諸佛是已經覺悟的人，眾生仍然在迷惑痛苦當中，現在我為了能夠讓一切眾生遠離迷惑痛苦，而發起菩提心禮拜承事三寶。

以最恭敬謹慎的心，專注頂禮一切十方三世恆常的佛法僧。

大眾長跪，持香花碟供養。觀想手中的香花，無限擴大遍滿至十方盡虛空法界，以及諸佛所在的剎土。由於這些無量香花的莊嚴，能令十方所有眾生都能夠和我一樣，具備發起自利利他的菩薩心，成就如來的戒香、定香與慧香。

（接著維那法師獨念，提醒大眾捧香花碟供養時應觀想：）我現在正藉由遍滿十方盡虛空法界的香花，獻出無數的微妙光明臺，以及天人演奏的天樂、四周灑滿美妙的天香、獻供種種的佳餚和美麗的天寶衣，來供養十方三世一切諸佛。如果以諸佛的智慧眼觀察，可以發現這一切不可思議的美妙境界，任何一個極小的微塵都包含著一切微塵；任何一個極小的微塵也都具足宇宙萬象的一切法。每一微塵或一法，彼此互相收攝，重重無盡，融通無礙，相互莊嚴。在此圓融無礙之中，我將豎窮三際、橫遍十方，突破時間與空間的限制，沒有任何摻雜與障礙地同時遍至十方三寶前，獻上真誠的供養。窮盡未來無限的生命我都將奉獻，為成就佛果持續不斷地努力，並將這樣的功德回向法界一切眾生。希望所有眾生也能發起菩提心，同樣能夠了知一切法不生不滅的實相，並證得和佛陀一樣的智慧。

懺主：南無大悲觀世音菩薩

迎請

十方

觀想：當念一切三寶及法界眾生，與我身心無二無別。諸佛已悟，眾生尚迷，我為眾生翻迷障，故禮事三寶。

十方常住三寶：一切恭謹，一心頂禮，十方常住三寶。

迎請供養

香華供養

正文：是諸眾等，各各胡跪，嚴持香華，如法供養。願此香華雲，徧滿十方界，一一諸佛土，無量香莊嚴，具足菩薩道，成就如來香。

觀想：我此香華徧十方，以為微妙光明臺，諸天音樂天寶香，諸天肴膳天寶衣，不可思議妙法塵，一一塵出一切塵，一一塵出一切法，旋轉無礙互莊嚴，遍至十方三寶前。十方法界三寶前，悉有我身修供養，一一皆悉遍法界，彼彼無雜無障閡。盡未來際作佛事，普熏法界諸眾生，蒙熏皆發菩提心，同入無生證佛智。

懺文圖解──科判

希望拜懺達到最佳的效果，除了事先對懺文徹底瞭解外，最好還能背誦。歷來佛教修持者為了方便背誦，會將經文加以圖解，稱之為「科判」。科判沒有一定，每個人都可以做屬於自己的科判，在此提供本書所做的懺文科判。如果能將科判熟記心中，拜懺時將會發現，觀想某個概念時，只要稍微提起，懺文內容馬上變得清晰立體，快速生起拜懺的效果。

《大悲懺》第1科：迎請、修供養

19 爲什麼大悲懺法會 要以〈香讚〉開始？

大悲懺法會以〈香讚〉開展，大眾隨著唱誦，透過裊裊上升的燒香，殷切祈請諸佛菩薩蒞臨法會，將世俗法會現場轉化爲神聖的清淨佛土。

●五官總動員，進入經典的世界

為了能夠營造不同於日常的儀式空間，大悲懺法會現場布置得非常莊嚴，一進入就可以感受到神聖的氣氛。平日聽聞教法、研讀經義，現在參加大悲懺法會，正是將存在腦海中聞思的義理，透過禮佛、誦讀、持咒等實際行動落實。在一連串的儀式過程中，藉由梵唄音聲節奏的抑揚頓挫，以及身體的經行、禮拜、唱念，教義不再只是腦中所理解、思索的，而是變成需用眼睛看、用耳朵聽、用鼻子聞、用舌頭唱念、用肌膚接觸等「五官總動員」。也就是透過莊嚴的宗教有形儀式，以身體所有感覺來整體掌握佛法內涵。

●以〈香讚〉開展儀式空間的轉換

一般來說，佛教在開始展開儀式前都會先灑淨，表示這個場地受到諸佛的護持，是清淨的佛土，邪魔外道等不能干擾，接下來的儀式將會順利進行；也象徵世俗世界過度到清淨佛土的一種轉換。大悲懺法會通常在寺院大殿舉行外，大殿本來就是清淨的場所，不會安排灑淨儀式；如果有特別因緣要在其他場合舉辦，便會以灑淨來清淨會場。

不需要灑淨儀式的大悲懺法會，一開始是以〈香讚〉來展開儀式空間。隨著唱誦，裊裊上升的燒香成了大眾與諸佛菩薩的溝通橋樑，眾人透過殷切祈請，邀請諸佛賢聖正式蒞臨法會。其實諸佛菩薩原來就是盡虛空、遍法界，無時無刻地關照著我們，豈止只是在法會上呢！但藉由唱誦〈香讚〉，以燒香「藉物徵心」，讓內心藉由生起對諸佛菩薩的祈請，區分出異質化的時間與空間，知道在這裡、這個時刻，大眾即將跟隨著儀式進入懺本的世界。如果說平日思維義理時，就像一般的單色世界，那麼參與莊嚴的儀式時，就是進入了經典描繪的鮮明原色世界。

法會儀式帶我們進入經典的佛國淨土

平日聽聞教法、研讀義理的單色世界

透過在儀式前的嚴飾道場、清淨身心，以調伏內心、排除外緣，引發道心，準備進入懺本的世界。

透過唱誦〈香讚〉、持香華供養迎請諸佛菩薩，進入懺本所描繪佛國淨土的鮮明原色世界。

為什麼大悲懺法會要以〈香讚〉開始？

19

20 爲什麼「佛」和「眾生」的身心是無二無別呢？

禮佛時，我們要觀想的是：「當念一切三寶及法界眾生，與我身心無二無別。」這段話意味著每個人都具有佛性，與諸佛本來就無所分別。

《大悲懺》的儀軌架構和觀想文是知禮大師參考《法華三昧懺儀》而來，而《法華三昧懺儀》則是天台宗智者大師根據《法華經》和《觀普賢菩薩行法經》等大乘經典編寫。追溯思想來源，此段「三寶和眾生的身心無二無別」正是出自《法華經》的「一佛乘思想」。

◉《法華經》的「一佛乘思想」

《法華經》全名為《妙法蓮華經》，由著名的鳩摩羅什翻譯，收錄在《大正藏》第九冊的第262經。《法華經》之前的經典，大致依眾生的根器與能力，區分為尋求自我解脫的「聲聞乘」（聽聞佛法而解脫）和「緣覺乘」（獨自悟出生命真理而解脫），以及追求自他解脫的「菩薩乘」經典。從大乘的角度來看，聲聞乘、緣覺乘和菩薩乘之間存在著本質上的差異，能達到解脫的程度也不同。直到西元前一世紀陸續集結出的《法華經》，才將三乘巧妙地收攝在一乘中。

《法華經》云：「十方佛土中，唯有一乘法，無二亦無三，除佛方便說。」佛陀因為眾生根器不同，為了能夠誘導眾生趣入佛乘，才會開設許許多多教法。其實佛陀的教法只有「一佛乘」是真實的教法，至於二乘（小乘、大乘）或三乘（聲聞乘、緣覺乘、菩薩乘）都只是為了吸引眾生進入一佛乘的方便說。重要的是，不論任何根性的佛教實踐者，最終都將會成佛。

換言之，所有眾生的本質是沒有任何差異的，都具有「佛性」，只要根機成熟，人人都可以成就佛果。如同佛陀在《華嚴經》中說：

> 奇哉！奇哉！云何如來具足智慧在於身中而不知見？我當教彼眾生覺悟聖道，悉令永離妄想顛倒垢縛，具見如來智慧在其身內，與佛無異。

「如來」是佛的稱號之一，因為眾生本具有佛性而不自知，佛陀表示將教導眾生覺悟真理，遠離顛倒、煩惱塵垢的束縛，直到眾生見到自己與諸佛無異的本性。

眾生本具佛性

「眾生本具佛性,與佛無二無別」,這個概念來自於《法華經》的一佛乘的思想。此經認為無論聲聞乘、緣覺乘和菩薩乘,都是依照眾生性情根器不同而發展出來的三乘方便法門,目的都是為了幫助眾生見到自己與諸佛菩薩無異的本性。

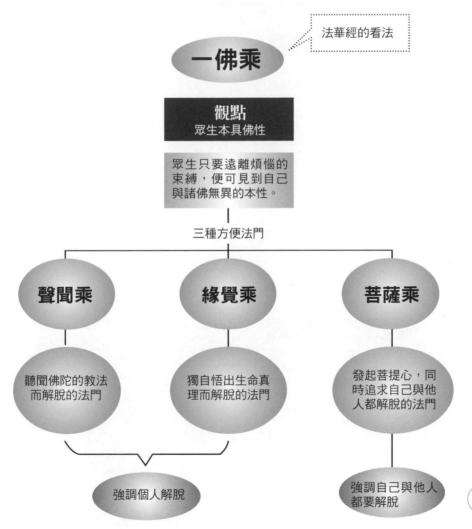

法華經的看法

一佛乘

觀點
眾生本具佛性

眾生只要遠離煩惱的束縛,便可見到自己與諸佛無異的本性。

三種方便法門

聲聞乘　　**緣覺乘**　　**菩薩乘**

聽聞佛陀的教法而解脫的法門

獨自悟出生命真理而解脫的法門

發起菩提心,同時追求自己與他人都解脫的法門

強調個人解脫

強調自己與他人都要解脫

20

佛性的四則比喻

佛陀說，眾生都具有佛性。然而，因為我們被無始以來的煩惱所層層覆蔽，以致於無法顯現出自己本具的佛性。下面四則比喻是說明佛性的本質與特性。

開礦取金喻

金摻雜在沙石礦中，除去沙石後加以鍛鍊就能得到純金。眾生的佛性也是一樣，如果能聽聞佛法，依教奉行，那麼當煩惱去除了，本具的佛性就可以顯現出來。

除蜂取蜜喻

高掛在樹上的蜂巢，想取得當中的蜂蜜，必須先驅走守護在四周的蜜蜂。蜜蜂就像我們的無明煩惱，纏繞著我們原有的佛性，讓我們無法得到本來就有的功德法味。

原來人人都本具佛性啊！只是被層層煩惱給遮蔽了而已。

菴摩羅果喻

印度有一種菴摩羅樹，種子深藏在果實中。果實落地後，也許有很長一段時間無法萌芽，一旦遇到因緣，引發當中的種子，不久後就會長成大樹。

這種子就像我們的佛性，雖然久藏在煩惱中，但是依然不朽，未來遇到殊勝的法緣，自然會萌生而證成無上菩提。

金像流浪喻

有一尊真金佛像，因為被包裹在臭穢布衣中而無人認得，流浪在曠野。

真金佛像就如同我們本具的佛性，臭穢布衣象徵無明煩惱，曠野好比生死大海。眾生雖有佛性，但被無明所繫，所以常墮生死大海中。

21 這裡運用了哪些感官觀想供養？

藉由長跪，捧香花碟於眉間，觀想種種美妙供品「一一塵出一切塵，一一塵出一切法」，這是什麼樣的供養？一一塵、一切法又是什麼？

● 什麼是供養？

供養為「供給資養」之意，透過對佛法僧三寶、父母或師長等供養，表達我們內心的親近、事奉和尊敬。正因為有諸佛依持，我們才有機會從痛苦的輪迴得到解脫，透過在大悲懺法會的持香花供養，傳達對諸佛恭敬的感恩心；除了感恩，運心觀想所生起的廣大供養，也能幫助我們快速累積修學的福德。

● 「一一塵出一切塵」的廣大供養

這裡的觀想文：「我此香華徧十方，以為微妙光明臺，諸天音樂天寶香，諸天肴膳天寶衣……。」便是觀想著：我正在無限寬廣的法界中，眼睛看見「微妙光明臺」，耳朵聽到「諸天美妙優雅的音樂」，鼻子聞到「瀰漫芬芳的天寶香」，舌頭品嘗「美味的諸天餚膳」，身體碰觸「質地無比細柔的天寶衣」，以及意念所緣到的「妙法」等都用來供養諸佛菩薩。

當我們的眼、耳、鼻、舌、身、意六種感官接觸到外境時，會分別生起色塵、聲塵、香塵、味塵、觸塵、法塵等感覺思維作用（「塵」指極微細的物質）。舉例來說，當眼睛觀想微妙光明臺生起的色塵時，即使是其中一個極微小的色塵，如果以智眼觀察，可以發現其中包含所有的色塵（一切塵），甚至是包含著全宇宙（一切法），如同西方諺語所說的「一沙一世界」。不單是每個極微小的色塵都涵蓋全宇宙，其他每個極微小的色塵、聲塵、香塵、味塵、觸塵、法塵也是如此，所以是「一一塵出一切塵，一一塵出一切法」，這正是《華嚴經》所描繪的「一真法界」觀。

這樣的無數極微塵如同帝珠般，相互含攝一切塵、一切法，彼此沒有障礙、相互莊嚴。因此在供養時，我們可以這樣想：我願將所有感覺思維能觀想出的無數極微塵，每個極微塵又含有一切法，這樣盡虛空、無以倫比的美好事物全然恭敬供養，祈請佛菩薩接受這份真誠的獻禮。

「香供」要如何進行觀想？

法會香供時，手捧香花碟於眉間，此時應在心中運用眼睛、耳朵、鼻子、舌頭、身體等五官，分別觀想出這樣的景象。

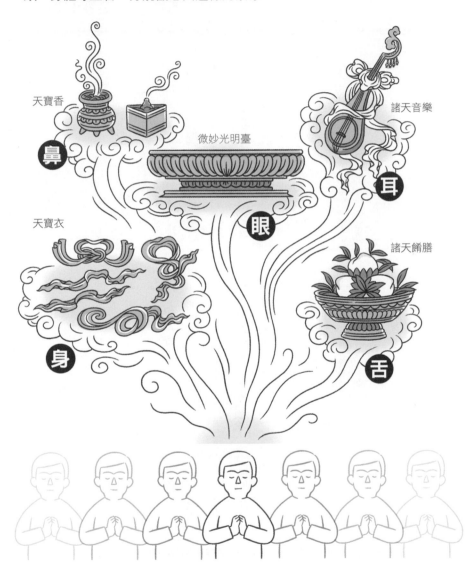

天寶香
鼻

微妙光明臺

諸天音樂
耳

天寶衣

眼

諸天餚膳

身

舌

這裡運用了哪些感官觀想供養？

21

重點提問A：
大悲懺是在向誰懺悔？
（見第22題，108-109頁）

供養已，一切恭謹

南無過去正法明如來❶，現前觀世音菩薩，成妙功德，具大慈悲於

一身心，現千手眼，照見法界，護持眾生。令發廣大道心，教持

圓滿神咒，永離惡道，得生佛前。無間重愆❷，纏身惡疾，莫能救

濟，悉使消除；三昧辯才❸，現生求願，皆令果遂❹，決定無疑；

能使速獲三乘❺，早登佛地。威神之力，歎莫能窮，故我一心歸

命、頂禮。

申述誠懇，隨其智力，如實說之。然所求之事，不可增長生死；所運之心，必須利益群

品，唯在專謹方有感通，慎勿容易。

重點提問B：
要怎麼做才能得到救護？
（見第23題，110-111頁）

第二科懺文的名詞解釋

❶ **正法明如來**：此為觀世音菩薩過去已成佛時的名號。據《大悲心陀羅尼經》記載，其實觀世音菩薩在過去無量劫中已經成佛，名號「正法明如來」，為了廣度眾生，所以才示現為菩薩身分。

❷ **重愆**：嚴重的罪過、過失。

❸ **三昧辯才**：「三昧」指心定於一處而不散亂的狀態，「三昧辯才」是指具備有言詞流暢，並能契合佛法和聽眾根器的弘法才能。

❹ **果遂**：如願以償。

❺ **三乘**：「乘」原指交通工具，這裡譬喻載運眾生從生死苦海至涅槃彼岸的法門。三乘分別是聲聞乘、緣覺乘與菩薩乘，代表佛陀就眾生根機的鈍、中、利所開立的不同法門。聲聞乘、緣覺乘因為只求自利，所以稱為小乘；菩薩乘是自利利他俱足，故稱為大乘。《法華經》特別指出，這三乘都是佛陀的方便教說，其目的是為了導向究竟的唯一佛乘。

● 聲聞乘：凡是聞佛音聲和修四諦法門而悟道的人，總稱為聲聞乘，主要修習苦、集、滅、道四諦，可得須陀洹、斯陀含、阿那含及阿羅漢四個果位。

● 緣覺乘：凡依十二因緣的道理而起修和悟道者，總稱為緣覺乘。緣覺乘修十二因緣觀，修行重在悟證。

● 菩薩乘：又稱佛乘，是為求無上菩提，願度一切眾生，修六度萬行。所修的法門主要是六波羅蜜，又稱六度，也就是布施、持戒、忍辱、精進、禪定及般若。

第二科懺文的白話解說

供養之後，現在以最恭誠謹慎的心頂禮、皈依過去的的正法明如來，也就是現今的觀世音菩薩。觀世音菩薩已經成就種種功德，並具備救度一切眾生的大慈悲心。其千眼代表具備能夠照見法界眾生需求的智慧，千手代表具備救護眾生的廣大能力，觀世音菩薩將帶領眾生發起廣大無上的菩提道心，眾生只要執持圓滿的「大悲咒」，將可以永遠脫離惡道，生於佛前。皈依觀世音菩薩，眾生所造的種種重罪或身上無法治療的惡疾，都可得到消除；並得到與諸佛菩薩一樣圓融無礙的講說佛法義理才能，此生所有的一切願望圓滿達成，對正法毫無疑惑；未來也將快速獲得三乘的智慧，成就最終的佛果。觀世音菩薩的威神力無以倫比，無論如何稱讚也難以窮盡，因此我以清淨的心皈依、頂禮。

（念誦此段必須觀想：）自己過去曾造作種種不如法的錯事，致使修學佛法的障礙深重，愚癡無明而沉淪於生死海中，現在遇到具備如此德相的觀世音菩薩，他能夠救度、幫助我，內心誠懇讚歎。要特別注意，雖然觀世音菩薩可以圓滿我們的願，但是祈求的事物必須以成就佛果為目標，並能利益他人，切記不可祈求得到名利等現生利益的事情，這些事只會增長生死輪迴。祈求必須正確，內心必須誠懇殷切，這樣才會和觀世音菩薩有所感通。

讚歎申誠
├─ 正文
│   ├─ 懺主
│   │   ├─ 稱號：供養已，一切恭謹南無過去正法明如來，現前觀世音菩薩，
│   │   └─ 德相：成妙功德，具大慈悲於一身心，現千手眼，照見法界，護持眾生，令發廣大道心，教持圓滿神咒，永離惡道，得生佛前。
│   ├─ 功德
│   │   ├─ 過去：無間重愆，纏身惡疾，莫能救濟，悉使消除；
│   │   ├─ 現在：三昧辯才，現生求願，皆令果遂，決定無疑；
│   │   └─ 未來：能使速獲三乘，早登佛地。
│   └─ 結語：威神之力，歎莫能窮，故我一心歸命、頂禮。
└─ 備註：申述誠懇，隨其智力，如實說之。然所求之事，不可增長生死；所運之心，必須利益群品，唯在專謹方有感通，慎勿容易。

22 大悲懺是在向誰懺悔？

《大悲懺》是以持誦「大悲咒」向觀世音菩薩懺悔的修行法門，但為什麼向觀世音菩薩持咒，可以幫助我們懺悔業障呢？

●《大悲懺》的懺主——觀世音菩薩

第二科是在對《大悲懺》的懺主讚歎申誠。大多數的懺本是依照特定的經典制定懺儀，並以該部經的某位主尊佛菩薩為懺主，因為《大悲懺》是參照《大悲心陀羅尼經》所做，其懺主正是「千手千眼觀世音菩薩」。

在中國的文化社會中，觀世音菩薩不但是人們最熟知的菩薩，其聞聲救苦的形象，也是遇到危難時最常念的菩薩。為什麼觀世音菩薩具有救度眾生的能力呢？據《大悲心陀羅尼經》記載，在無量億劫前，觀世音菩薩從「千光王靜住如來」得到「大悲咒」，馬上從初地菩薩頓超成為八地菩薩，觀世音菩薩於是發下誓願：

> 我時心歡喜故，即發誓言：「若我當來，堪能利益安樂一切眾生者，令我即時身生千手千眼具足。」發是願已，應時身上千手千眼悉皆具足；十方大地，六種震動；十方千佛，悉放光明，照觸我身，及照十方，無邊世界。

當誓願一說出，觀世音菩薩身上立刻長出了「千手千眼」，整個宇宙法界也因為眾生可以得到安樂而歡欣鼓舞。

●為什麼我們可以依靠觀世音菩薩呢？

我們是煩惱深重的凡夫，尋求依靠的必須是可以救護我們的人。據《大悲心陀羅尼經》記載，觀世音菩薩是證得八地「無生法忍」（徹底了知，並能安住「一切法不生不滅」的實相真理）的菩薩，沒有任何煩惱，智慧和功德不需特別費力就能不斷增進；而觀世音菩薩的「千手」正代表他的大悲，願意為安樂一切眾生，在困厄時給予救助；「千眼」表示其智慧的光芒無處不照，具有拯救眾生的偉大能力。正因為觀世音菩薩的自證功德是八地聖者，發願救度不分親疏的「一切眾生」，也擁有願意救度的大悲心，以及知道如何救度的大智慧，所以我們至誠地向他祈求救護。

爲什麼觀世音菩薩可以救護我呢？

觀世音菩薩

1
自證功德
八地菩薩

2
大智力
以千眼觀察眾生，
應以何身得度者即現何身

3
大悲心
聞其聲音，
以千手救苦難眾生

4
平等心
不分親疏，普利一切眾生

> 我們是有限、不完美的，向具智慧、慈悲和平等的觀世音菩薩懺悔、祈求，說出自己的缺點，可以得到他的傾聽理解和救護。

想進一步瞭解觀世音菩薩，可以看哪些經典？

❶ 《大悲心陀羅尼經》，唐・伽梵達摩譯，《大正藏》第20冊，
　　第1060經。
❷ 《妙法蓮華經》〈觀世音菩門品〉，姚秦・鳩摩羅什譯，《大正藏》
　　第9冊，第262經。
❸ 《悲華經》，北涼・曇無讖譯，《大正藏》第3冊，第157經。
❹ 《大佛頂如來密因修證了義諸菩薩萬行首楞嚴經》（即《楞嚴經》）
　　第六卷〈耳根圓通章〉，唐・般刺蜜帝譯，《大正藏》第19冊，第945經。

大悲懺是在向誰懺悔？

22

23 要怎麼做才能得到救護？

也許有些人會疑問，許多經典都描述諸佛菩薩的大智慧方便，以及大慈大悲救度眾生的誓願，但為什麼還有那麼多的眾生在生死苦海中呢？

◉下決心走和觀世音菩薩一樣的成佛之路

想要得到觀世音菩薩的救護，先問問自己這個問題：我已下定決心要跟觀世音菩薩走一樣的成佛之路了嗎？如同《菩提道次第廣論》引用祖師云：「諸佛非以水洗罪，非以手除眾生苦，非移自證於餘者，示法性諦令解脫。」意思是說，諸佛不是拿水洗掉眾生的罪，也不能以手直接幫眾生除掉苦，更不可能把證悟的功德轉移到眾生身上，只能夠把教法的真實內涵告訴眾生，教導眾生和他們一樣認真去做，然後得到一樣的解脫。在《大悲懺》中，觀世音菩薩也鼓勵我們走和他一樣的路。也就是先教導我們和他一樣發起廣大菩提心，再和他一樣持誦「大悲咒」，藉由持咒的力量懺悔，滅除百千萬億劫的生死重罪。

雖然觀世音菩薩具有大智慧、大能力和大慈悲心，但終究無法將我們的罪轉到他身上，或在我們身上吹口氣或把手放在我們的頭頂來去除我們的罪業，他只能把證果位的道理告訴我們。當我們向他坦承自己的罪惡、努力懺悔，透過觀世音菩薩的護佑加被，生命得到引導和提升；一旦消除修學成佛的障礙，本有的自性顯現，就可以和他一樣成就佛果。

◉「出離心」和「皈依心」是得到救護的關鍵

當自己正落入水中，努力掙扎尋求救護時，這時有一個有能力且願意伸出援手的人，豈有不願意讓他救護的道理呢？如經典所說，觀世音菩薩是「千處祈求千處應，苦海常作度人舟」，他不但有能力且有悲心殷切地想要幫助眾生，但是眾生沒有辦法得到救護的關鍵，往往在於不知道或不願意伸出手來。

許多經典描述眾生是「剛強難調」，或困在煩惱苦海中不願出離，或對於諸佛菩薩沒有生起皈依。因此，希望得到救護，應該多閱讀大乘經論，正確思維，對於在無明生死苦海沉淪，能夠生起出離心；對於諸佛菩薩的悲智圓滿，生起皈依心。如懺文所說以「申述誠懇」，對觀世音菩薩「威神之力，歎莫能窮，故我一心歸命、頂禮。」

怎麼做才能生起皈依心？

一、確信觀世音菩薩一直在幫助我們

觀世音菩薩一直無所不在，任運無間的幫助著我們，只是我們自身的惡業讓我們無法感覺他的存在。透過懺悔、祈求，當惡業漸除，內心煩惱轉為清淨，便可以感應到觀世音菩薩。

二、生起皈依心的四種方法

1 **於諸病苦，為作良醫**
生重病或久病，思維觀音為我們治療。

2 **於失道者，示其正路**
迷路時，觀音為我們指出正確應行的道路。

3 **於闇夜中，為作光明**
身處黑暗中，思維觀音是我們的光明處。

4 **於貧窮者，令得伏藏**
貧窮無依時，觀音給我們寶藏。

一心頂禮，大勢至菩薩摩訶薩❿。

一心頂禮，總持王菩薩摩訶薩。

一心頂禮，日光菩薩、月光菩薩摩訶薩⓫。

一心頂禮，寶王菩薩、藥王菩薩、藥上菩薩摩訶薩⓬。

一心頂禮，華嚴菩薩、大莊嚴菩薩、寶藏菩薩摩訶薩⓭。

一心頂禮，德藏菩薩、金剛藏菩薩、虛空藏菩薩摩訶薩⓮。

一心頂禮，彌勒菩薩、普賢菩薩、文殊師利菩薩摩訶薩⓰。

一心頂禮，十方三世一切菩薩摩訶薩。

一心頂禮，摩訶迦葉無量無數大聲聞僧⓱。

一心頂禮，闡天台教觀四明尊者法智大師。

一心代為善吒梵摩、瞿婆伽天子、護世四王、天龍八部、童目天女⓲、虛空神、江海神、泉源神、河沼神、藥草、樹林神、舍宅神、水神、火神、風神、土神、山神、地神、宮殿神等，及守護持咒一切天龍、鬼神各及眷屬，頂禮三寶。

重點提問B：
什麼是「一心」，效力有多大？
（見第25題，120-121頁）

一心頂禮，本師釋迦牟尼世尊❶

能禮、所禮❷性空寂❸，感應道交難思議。我此道場如帝珠，釋迦如來影現中，我身影現釋迦前，頭面接足歸命禮❹。至禮阿彌陀佛，即云：「阿彌陀佛影現中」云云。

禮法想云：「真空法性如虛空，常住法寶難思議，我身影現法寶前，一心如法歸命禮。」禮僧準上禮佛，但改為菩薩等。唯禮觀音云：「為求滅障接足禮。」此是懺悔主故耳。

一心頂禮，西方極樂世界，阿彌陀世尊❺。

一心頂禮，過去無量億劫，千光王靜住世尊❻。

一心頂禮，過去九十九億，殑伽沙❼諸佛世尊。

一心頂禮，過去無量劫❽，正法明世尊。

一心頂禮，十方一切諸佛世尊。

一心頂禮，賢劫千佛❾三世一切諸佛世尊。

一心頂禮，廣大圓滿無閡大悲心大陀羅尼神妙章句。

一心頂禮，觀音所說諸陀羅尼及十方三世一切尊法。

一心頂禮，千手千眼大慈大悲觀世音自在菩薩摩訶薩。

重點提問A：
要如何頂禮，才能「感應道交難思議」？
（見第24題，118-119頁）

第三科懺文的名詞解釋

❶ 本師釋迦牟尼世尊：釋迦牟尼佛是開啟教法者，被認為是佛教的根本老師，稱之為「本師」。「世尊」是佛的稱號之一，意為世間所尊重者或世界中之最尊者。佛教不論是讀誦經典或念誦懺本，一般都會先皈依、禮敬「本師釋迦牟尼世尊」。

❷ 能禮、所禮：能和所是相對詞，某一動作的主體稱為「能」，其動作的對象即是「所」。這裡「能禮（敬）」指的是拜懺者本人，而「所禮（敬）」的對象是諸佛菩薩等。

❸ 性空寂：指遠離一切法相的寂靜狀態。佛教認為萬事萬物（諸法）是因緣合和所生，沒有不變、永恆的實體存在。因為諸法是不斷地緣生、緣滅，變動不居，所以推究一切法的本性，是本無自性、本無生滅，無非「空寂」。

❹ 頭面接足歸命禮：這是源自印度五體投地的敬禮法，人身中，頭為尊而足是最卑下處，行此禮是表達行禮者內心最高崇敬之意。行禮時除了雙膝跪地，還要以頭面碰地，兩手觸地翻掌，象徵承接受禮者的雙足。

❺ 阿彌陀世尊：阿彌陀佛是西方極樂世界的教主。據《悲華經》所載，觀世音菩薩是未來將繼承阿彌陀佛西方極樂世界佛位的菩薩，甚至有些密教經典記載，觀世音就是阿彌陀佛的化身。正因為觀世音菩薩和阿彌陀佛有特殊關係，所以在此特別禮敬阿彌陀世尊。

❻ 千光王靜住世尊：據《大悲心咒陀羅尼經》記載，「大悲咒」是由千光王靜住佛傳給觀世音菩薩，所以在此禮敬千光王靜住世尊。

❼ 殑伽沙：梵語gaṅgā-nadī-vā，有時又做「恆河沙」，即指印度恆河的沙，因為數量多到無法計算，經典中形容無法計算的數目，經常以「殑伽沙」為喻。

❽ 劫：梵語kalpa，古代印度的時間單位，泛指不可計算的極長時間。

❾ 賢劫千佛：「賢劫」是宇宙循環過程的一個階段。依經典記載，過去、現在、未來三階段中都將有千佛出世救度眾生，過去千佛之世為莊嚴劫，現在千佛之世稱為賢劫，未來千佛之世稱為星宿劫。

❿ 大勢至菩薩摩訶薩：「摩訶薩」為梵語mahā-sattva的音譯，意為大有情，指追求無上菩提的大乘修行者。「大勢至菩薩」和觀世音菩薩同為阿彌陀佛的脇侍，中國佛教一般將此一佛二菩薩稱為「西方三聖」。相對於觀音代表慈悲，大勢至菩薩則象徵智慧。

⓫ 總持王菩薩摩訶薩：「總持」梵語為dhāraṇī，原意為「總攝憶持」，即「能令善法不散失，令惡法不起作用」，到了後來特指長咒。總持王是一位有強大念力，能總持所有無量無邊佛法的菩薩。

⓬ 日光菩薩、月光菩薩摩訶薩：按《藥師如來本願經》記載，日光菩薩、月光菩薩為無量無數菩薩眾之上首，因為能持東方琉璃光世界藥師佛的正法寶藏，亦為藥師佛的脇侍，未來將依序繼承藥師如來的佛位。這段懺文所羅列頂禮的諸

佛菩薩護法等，大都是依據《大悲心咒陀羅尼經》記載，只有這兩位菩薩和「四明尊者法智大師」是大悲懺本所新增。

⑬ **寶王菩薩、藥王菩薩、藥上菩薩摩訶薩**：經典中並沒有寶王菩薩因地發願的故事，但從其名號可以得知，這是具足一切眾寶的菩薩。而藥王菩薩、藥上菩薩在《法華經》和《觀藥王藥上二菩薩經》中都有記載，兩位菩薩都以良藥供僧而成就，持其名號可以除滅病苦。

⑭ **華嚴菩薩、大莊嚴菩薩、寶藏菩薩摩訶薩**：「莊嚴」有嚴飾布列之意，也就是以各種眾寶、花朵、寶蓋、幢、幡、瓔珞等裝飾嚴淨道場或國土等。華是花的古字，所以華嚴菩薩是足以用各種花莊嚴的菩薩；大莊嚴菩薩亦指足以用各種美好珍寶莊嚴的菩薩，寶藏菩薩則是具足寶藏的菩薩。

⑮ **德藏菩薩、金剛藏菩薩、虛空藏菩薩摩訶薩**：德藏菩薩是具足德行寶藏的菩薩；金剛藏菩薩是具足如同金剛不壞般寶藏的菩薩；虛空藏菩薩是如虛空般廣大，能含藏一切的菩薩。

⑯ **彌勒菩薩、普賢菩薩、文殊師利菩薩摩訶薩**：彌勒菩薩是我們這個世界繼佛陀之後的下一尊佛；普賢菩薩是所有菩薩的代表，文殊菩薩是代表智慧的菩薩。

⑰ **摩訶迦葉無量無數大聲聞僧**：「摩訶迦葉」是佛的大弟子，「聲聞」是指聽聞佛陀的教法修行者。全句指「禮拜以摩訶迦葉為代表的那些聽聞佛陀教法而依教修行的無量無數僧伽們」。

⑱ **善叱梵摩、瞿婆伽天子、護世四王、天龍八部、童目天女**：此科最後一段是代表諸天鬼神等禮拜三寶，這裡特別解釋字面上不易瞭解的五個名詞。「善叱梵摩」是色界梵天的代表，「瞿婆伽天子」是欲界天的代表，「護世四王」是在欲界護持佛法的四位天王（東方持國天王、南方增長天王、西方廣目天王、北方多聞天王。「天龍八部」是指護持佛法的八種守護神，即天、龍、夜叉、乾闥婆、阿修羅、迦樓羅、緊那羅、摩　羅伽；「童目天女」是代表欲界天的眾天女們。

第三科懺文的白話解說

一心頂禮，娑婆世界的教主釋迦牟尼世尊

頂禮時，應該能夠體悟到正在禮拜的我以及我所頂禮的對象「佛、法、僧」，本性具有的特質都是空寂，那麼便可與之交相感應，進入一種思維和言語所不能達到的微妙境界。例如在頂禮「本師釋迦牟尼世尊」時，觀想法會現場有如重重無盡的因陀羅網，縱線、橫線互相交織成的網目都以寶珠嚴飾。釋迦牟尼世尊的影像就出現

在這些無數無量明亮的寶珠中，寶珠又互相顯現彼此影像，重重無盡。因為我的本性和釋迦牟尼世尊一樣是空寂的，所以同樣可能化現為無數無量的分身，至誠地五體投地頂禮、皈依無數無量的釋迦牟尼世尊。當頂禮阿彌陀世尊等也如此觀想。

頂禮諸佛之後是頂禮「法寶」。一切法是因緣和合，本是無自性——不生、不滅、不常、不斷、不一、不異、不來、不去，雖然終極歸於空，卻是真空而妙有（因緣和合的假有）。此時思維：虛空般的一切法，其法性如佛陀教法（法寶）所說是真空而妙有（因緣和合的假有），一切是那麼廣大深遠而難以思議，我將化現無數無量的身，在法寶前至誠地頂禮、皈依。

頂禮法寶之後是頂禮「僧寶」。頂禮僧時和頂禮諸佛的觀想是一樣的，但「世尊」改為「菩薩」（這裡將菩薩眾歸於僧寶）。注意在頂禮觀世音菩薩時，因為觀世音菩薩是《大悲懺》的懺主，要特別加入尋求懺悔以滅除障礙。

一心頂禮，西方極樂世界的教主阿彌陀世尊。
一心頂禮，過去無量億劫以前的千光王靜住世尊。
一心頂禮，過去九十九億殑伽沙數的諸佛世尊。
一心頂禮，過去無量劫前的正法明世尊。
一心頂禮，十方一切諸佛世尊。
一心頂禮，賢劫千佛的三世一切諸佛世尊。
一心頂禮，廣大圓滿無閡大悲心大陀羅尼神妙章句。（即「大悲咒」）
一心頂禮，觀音所說諸陀羅尼及十方三世一切尊法。
一心頂禮，千手千眼大慈大悲觀世音自在菩薩摩訶薩。
一心頂禮，大勢至菩薩摩訶薩。
一心頂禮，總持王菩薩摩訶薩。
一心頂禮，日光菩薩、月光菩薩摩訶薩。
一心頂禮，寶王菩薩、藥王菩薩、藥上菩薩摩訶薩。
一心頂禮，華嚴菩薩、大莊嚴菩薩、寶藏菩薩摩訶薩。
一心頂禮，德藏菩薩、金剛藏菩薩、虛空藏菩薩摩訶薩。
一心頂禮，彌勒菩薩、普賢菩薩、文殊師利菩薩摩訶薩。
一心頂禮，十方三世一切菩薩摩訶薩。
一心頂禮，摩訶迦葉無量無數大聲聞僧。
一心頂禮，闡天台教觀四明尊者法智大師。（即知禮大師）

最後，一心代替以下的善神護法、諸天鬼神禮拜三寶：善叱梵摩、瞿婆伽天子、護世四王、天龍八部、童目天女、虛空神、江海神、泉源神、河沼神、藥草、樹林神、舍宅神、水神、火神、風神、土神、山神、地神、宮殿神等，以及守護持咒一切天龍、鬼神各及眷屬，頂禮三寶。

第三科懺文的圖解

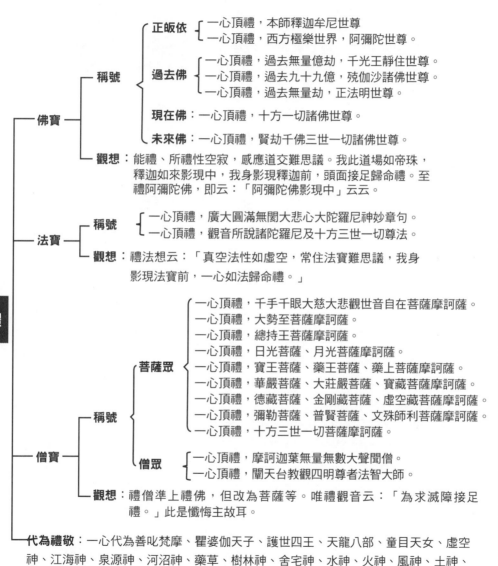

作禮

佛寶 ─ 稱號 ─ 正皈依 ─{ 一心頂禮，本師釋迦牟尼世尊
一心頂禮，西方極樂世界，阿彌陀世尊。

過去佛 ─{ 一心頂禮，過去無量億劫，千光王靜住世尊。
一心頂禮，過去九十九億，殑伽沙諸佛世尊。
一心頂禮，過去無量劫，正法明世尊。

現在佛：一心頂禮，十方一切諸佛世尊。

未來佛：一心頂禮，賢劫千佛三世一切諸佛世尊。

觀想：能禮、所禮性空寂，感應道交難思議。我此道場如帝珠，釋迦如來影現中，我身影現釋迦前，頭面接足歸命禮。至禮阿彌陀佛，即云：「阿彌陀佛影現中」云云。

法寶 ─ 稱號 ─{ 一心頂禮，廣大圓滿無閡大悲心大陀羅尼神妙章句。
一心頂禮，觀音所說諸陀羅尼及十方三世一切尊法。

觀想：禮法想云：「真空法性如虛空，常住法寶難思議，我身影現法寶前，一心如法歸命禮。」

僧寶 ─ 稱號 ─ 菩薩眾 ─{ 一心頂禮，千手千眼大慈大悲觀世音自在菩薩摩訶薩。
一心頂禮，大勢至菩薩摩訶薩。
一心頂禮，總持王菩薩摩訶薩。
一心頂禮，日光菩薩、月光菩薩摩訶薩。
一心頂禮，寶王菩薩、藥王菩薩、藥上菩薩摩訶薩。
一心頂禮，華嚴菩薩、大莊嚴菩薩、寶藏菩薩摩訶薩。
一心頂禮，德藏菩薩、金剛藏菩薩、虛空藏菩薩摩訶薩。
一心頂禮，彌勒菩薩、普賢菩薩、文殊師利菩薩摩訶薩。
一心頂禮，十方三世一切菩薩摩訶薩。

僧眾 ─{ 一心頂禮，摩訶迦葉無量無數大聲聞僧。
一心頂禮，闡天台教觀四明尊者法智大師。

觀想：禮僧準上禮佛，但改為菩薩等。唯禮觀音云：「為求滅障接足禮。」此是懺悔主故耳。

代為禮敬：一心代為善叱梵摩、瞿婆伽天子、護世四王、天龍八部、童目天女、虛空神、江海神、泉源神、河沼神、藥草、樹林神、舍宅神、水神、火神、風神、土神、山神、地神、宮殿神等，及守護持咒一切天龍、鬼神各及眷屬，頂禮三寶。

(24) 要如何頂禮，才能「感應道交難思議」？

佛教常以叩頭的「頂禮」方式，表達去除內心驕慢、恭敬三寶之意。但怎樣的頂禮，才能與三寶「能禮、所禮性空寂，感應道交難思議」呢？

◉十種禮敬法

頂禮時，是否能夠和佛法僧三寶感應，除了在「事行」上身口意必須清淨恭敬以外，還必須具備「理觀」條件。中國北魏時期有個譯經師勒那摩提（印度人，生卒年不詳，於西元508年抵達洛陽）將頂禮歸納為以下七種：

1. **我慢禮**：身心不一致，身雖然在禮拜，但其實內心驕慢、沒有恭敬心。
2. **唱合禮**：身禮拜、口念誦，但詞語混亂，無殷重心，只是跟隨大眾唱誦。
3. **身心禮**：以清淨、殷重的身口意三業，五體投地的頂禮。
4. **無相禮**：禮佛時，能深入觀想諸佛與我同一法性，沒有禮佛的我，也沒有所禮敬的三寶，一切都是空寂。
5. **起用禮**：禮佛時，觀想自己如同身在一間擺滿鏡子的房間中，當有影像出現，所有鏡子都會相互映射，化為無量身來遍禮無量佛。
6. **內觀禮**：禮佛時，觀想正因為我與諸佛具有同一法性，對諸佛頂禮時，實際上也正是頂禮自身佛。
7. **實相禮**：前者禮拜時還有自己與諸佛的差別，此時是「自他不二」同一實相的禮拜。頂禮時觀想：無自無他，凡聖一如，體用不二。
8. **大悲禮**：頂禮時觀想，不只是為自己，還要以大悲的菩提心代替一切眾生遍禮諸佛。
9. **總攝禮**：能在一念心間，總攝第三到第八等六項的頂禮。
10. **無盡禮**：一切現象的存在都是互相融攝、相互作用，如同帝釋天的寶網。網中有無數無量的寶珠，每一顆寶珠都含攝照映一切寶珠般，每一個微塵法也是含攝一切法，重重無盡。故此時頂禮觀想：從一個微塵法見一切諸佛菩薩圍繞，我與一切眾生化為一一身，遍禮盡法界之十方三世一切佛剎極微塵數諸佛菩薩。

十種禮敬法

錯誤的禮敬法（邪禮）

1 **我慢禮**：身禮拜，心無恭敬。

2 **唱合禮**：詞語混亂，無殷重心。

正確的禮敬法（真禮）

事行的禮敬

3 **身心禮**：以清淨的三業頂禮。

理觀的禮敬

4 **無相禮**：禮一佛即禮一切佛。

5 **起用禮**：化無量身遍禮無量佛。

6 **內觀禮**：禮諸佛同禮自身佛。

7 **實相禮**：觀自他不二的頂禮。

8 **大悲禮**：以大悲菩提心頂禮。

9 **總攝禮**：總攝一切的頂禮。

10 **無盡禮**：我與一切眾生化無盡身，遍禮無盡法界一切諸佛。

要如何頂禮，才能「感應道交難思議」？

24

25 什麼是「一心」，效力有多大？

佛教說的「心」，指的是思量、分別的心。《大悲懺》的「一心頂禮」可以遍及重重無盡法界。為什麼我們的一心，可以產生那麼大的力量呢？

●什麼是「一心」？

頂禮時的「一心」，又可以稱為「一念心」，指心念思量活動的剎那（最短時刻）。「事行」的一心頂禮，是當下專注頂禮佛法僧三寶，不起妄念；而「理觀」的一心頂禮，則可以將此「一」解釋為唯一、無二、平等及絕對的意思，也就是頂禮時是仰仗著「唯一靈知靈覺的真如佛性」來頂禮。

●一念心具一切法

佛教在修持實踐上，帶有濃厚的唯心色彩，特別強調心的主體性，認為心可以發揮的作用非常大。一般佛教課誦本引用《華嚴經》的偈誦：「若人欲了知，三世一切佛，應觀法界性，一切唯心造。」或「心如工畫師，善畫諸世間」等，便是說明宇宙萬法都是從心所生。其實不只是心生萬法，智者大師還進一步指出，當下的每一念心都圓滿具足一切法；也就是說我們日常生活中行住坐臥的一舉一動、每個念頭都具足一切法。「一切法」泛指一切事物，即物質、精神和所有現象的存在。

●以一念清淨、覺悟的心來頂禮

當一念心起的是貪欲，那麼顯現的是「餓鬼界」；一念是瞋恚，顯現的是「地獄界」；一念是愚癡時，顯現的是「畜生界」。相反的，即使只是一個善念的生滅，如果能觀四諦法是在「聲聞界」，能觀十二因緣是在「緣覺界」，能緣慈心、悲心是在「菩薩界」，能與自己本有的真如本性相應，就是在「佛界」。所以現前的「一念心」可以遍虛空法界，不論四聖界或六凡界都是在自己的一念心當中。本質上，諸佛和眾生的「佛性」是無二無別，唯一的差別在於染淨、悟迷，諸佛已經覺悟，所以成道；眾生仍愚昧迷惑，所以還在生死中流轉。《大悲懺》依據的正是法華的一乘法門，認為只要能以清淨、覺悟的一念心頂禮，那麼將可以與自己本具佛性相應，也與十方諸佛相應，成就「感應道交難思議，一一身遍禮一一佛」的廣大頂禮。

一念心與十界的關係

我們的心不停地在迷悟之間擺盪，其實也正是在地獄界、餓鬼界、畜生界、阿修羅界、人界、天界、聲聞界、緣覺界、菩薩界、佛界等十界中不斷轉變。在生活中，也許時時檢查一下：我的這一念心在哪呢？

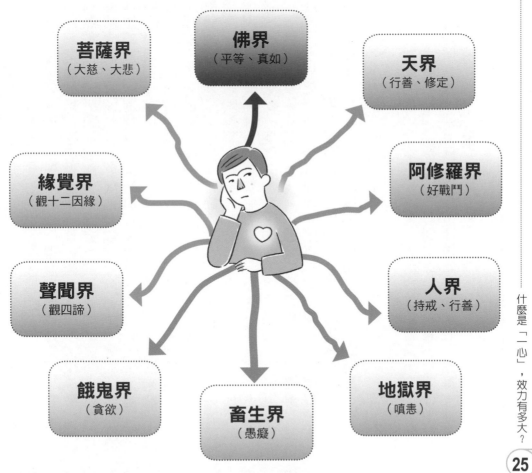

菩薩界
（大慈、大悲）

佛界
（平等、真如）

天界
（行善、修定）

緣覺界
（觀十二因緣）

阿修羅界
（好戰鬥）

聲聞界
（觀四諦）

人界
（持戒、行善）

餓鬼界
（貪欲）

畜生界
（愚癡）

地獄界
（瞋恚）

重點提問B：
持誦大悲咒可獲得哪十種利益？
（見第27題，130-133頁）

現在生中，一切所求若不果遂者，不得為大悲心陀羅尼也。乃至說是語已，於眾會前合掌正住，於諸眾生起大悲心，開顏含笑，即說如是

「廣大圓滿無閡大悲心大陀羅尼神妙章句陀羅尼」曰：

南無喝囉怛娜哆囉夜耶　南無阿唎耶　婆盧羯帝爍鉢囉耶　菩提薩埵婆耶　摩訶薩埵婆耶　摩訶迦盧尼迦耶　唵　薩皤囉罰曳　數怛那怛寫　南無悉吉栗埵伊蒙阿唎耶　婆盧吉帝室佛囉楞馱婆　南無那囉謹墀　醯唎摩訶皤哆沙咩　薩婆阿他豆輸朋　阿逝孕　薩婆薩哆那摩婆薩哆那摩婆伽　摩罰特豆　怛姪他　唵阿婆盧醯　盧迦帝　迦羅帝　夷醯唎　摩訶菩提薩埵　薩婆薩婆　摩囉摩囉　摩醯摩醯唎馱孕　俱盧俱盧羯蒙　度盧度盧罰闍耶帝　摩訶罰闍耶帝　陀囉陀囉　地唎尼　室佛囉耶　遮囉遮囉　麼麼罰摩囉　穆帝隸　伊醯伊醯　室那室那　阿囉嘇佛囉舍利　罰沙罰嘇　佛囉舍耶　呼嚧呼嚧摩囉　呼嚧呼嚧醯唎　娑囉娑囉　悉唎悉唎　蘇嚧蘇嚧　菩提夜菩提夜　菩馱夜菩馱夜　彌帝唎夜　那囉謹墀　地唎瑟尼那　婆夜摩那　娑婆訶　悉陀夜　娑婆訶　摩訶悉陀夜　娑婆訶　悉陀喻藝　室皤囉夜　娑婆訶　那囉謹墀　娑婆訶　摩囉那囉　娑婆訶　悉囉僧阿穆佉耶　娑婆訶　娑婆摩訶阿悉陀夜　娑婆訶　者吉囉阿悉陀夜　娑婆訶　波陀摩羯悉陀夜　娑婆訶　那囉謹墀皤伽囉耶　娑婆訶　摩婆利勝羯囉夜　娑婆訶　南無喝囉怛那哆囉夜耶　南無阿唎耶　婆盧吉帝　爍皤囉夜　娑婆訶　唵悉殿都　漫哆囉　跋馱耶　娑婆訶

觀世音菩薩說此咒已，大地六變震動，天雨寶華繽紛而下。十方諸佛悉皆歡喜，天魔外道⑨恐怖毛豎，一切眾會皆獲果證⑩，或得須陀洹果，或得斯陀含果，或得阿那含果，或得阿羅漢果者，或得一地、二地、三四五地，乃至十地者，無量眾生發菩提心。

重點提問C：
大悲咒全文是什麼意思？
（見第28題，134-141頁）

經云：「若有比丘、比丘尼、優婆塞、優婆夷、童男、童女❶欲誦持

者，於諸眾生起慈悲心，先當從我發如是願：

南無大悲觀世音，願我速知一切法❷！

南無大悲觀世音，願我早得智慧眼❸！

南無大悲觀世音，願我速度一切眾！

南無大悲觀世音，願我早得善方便❹！

南無大悲觀世音，願我速乘般若船！

南無大悲觀世音，願我早得越苦海！

南無大悲觀世音，願我速得戒定道❺！

南無大悲觀世音，願我早登涅槃❻山！

南無大悲觀世音，願我速會無為❼舍！

南無大悲觀世音，願我早同法性身❽！

我若向刀山，刀山自摧折。

我若向火湯，火湯自枯竭。

我若向地獄，地獄自消滅。

我若向餓鬼，餓鬼自飽滿。

我若向修羅，惡心自調伏。

我若向畜生，自得大智慧。」

行者想：身對此佛菩薩前，稱念尊名。惟在哀切，如遭焚溺，求於救濟。

南無觀世音菩薩　　南無阿彌陀佛

觀世音菩薩白佛言：「世尊！若諸眾生誦持大悲神咒，墮三惡道者，我

誓不成正覺；誦持大悲神咒，若不生諸佛國者，我誓不成正覺；誦持大

悲神咒，若不得無量三昧辯才者，我誓不成正覺；誦持大悲神咒，於

第四科懺文的名詞解釋

❶ **比丘、比丘尼、優婆塞、優婆夷、童男、童女**：指五種身份的佛教徒，「比丘、比丘尼」是出家受過戒的男性、女性法師；「優婆塞、優婆夷」為在家的男性、女性；「童男、童女」是指四歲或八歲以上，未滿二十歲的在家男性、女性。此處以這五種身份的佛教徒代表所有的佛教徒。

❷ **一切法**：泛指一切事物、現象，以及物質、精神的一切存在，經典中有時又稱做「萬法」、「一切諸法」。

❸ **智慧眼**：「智慧」又稱般若，梵語為Prajñā，特別指可以完全明瞭一切事物及道理的高深智慧。為了圓滿成就佛果，菩薩必須修習布施、持戒、忍辱、精進、禪定、智慧等六波羅蜜（度）。「五度如盲，智慧如導」，其中的智慧波羅蜜，是其他五波羅蜜的根據及眼睛。也就是佛教認為不論做任何善行，都必須以智慧為引導，所以經常將智慧比喻為「眼」。

❹ **方便**：梵語upāya，此詞經常在經典出現，指諸佛菩薩為了引誘眾生學習佛法而設置的種種善巧法門。

❺ **戒定**：戒和定是成就佛果必須修習的二種修行內容。「戒」是指應遵守的規範，以止惡行善；「定」是克服精神的散亂、昏沉，達到全然的專一與安定。

❻ **涅槃**：梵語nirvāṇa，意譯滅度、解脫。原指吹滅或吹滅的狀態，之後專指達到消滅煩惱、超越生死、智慧圓滿的境界。

❼ **無為**：梵語asaṃskṛta，為「涅槃」的同義詞。無為是相對於「有為」而言，形容當智慧達到圓滿時，已離生滅變化而絕對常住。

❽ **法性身**：又稱為法身。佛有法身和化身，「法身」從戒定慧等功德而來，可遍十方虛空，具無量光明、無量音聲等無比莊嚴的身體；「化身」則是為了度眾方便，佛所變化示現的各種形像之身。

❾ **天魔外道**：「天魔」又稱魔羅、惡魔，指會障礙善行或修學的惡鬼神。「外道」指佛教以外的其他宗教，或持異見邪說的人。

❿ **果證**：亦作「證果」，「果」是相對「因」說，「果證」是指從過去修行（因）而得到後來的證悟（果）。小乘證果依次有四個階段：即須陀含果、斯陀含果、阿那含果以及阿羅漢。大乘菩薩道則是分成以下十個階段或稱十地：歡喜地、離垢地、發光地、焰慧地、極難勝地、現前地、遠行地、不動地、善慧地、法雲地。

第四科懺文的白話解說

假如有比丘、比丘尼、優婆塞、優婆夷、童男、童女想要誦持「大悲咒」者，必須先對一切眾生起慈悲心，跟隨我發起以下誓願：

南無大悲觀世音，祈願我可以迅速了知一切法！
南無大悲觀世音，祈願我可以早日得到和諸佛一樣的智慧法眼！
南無大悲觀世音，祈願我可以迅速度化一切眾！
南無大悲觀世音，祈願我可以得到度眾的種種善巧方便！
南無大悲觀世音，祈願我可以迅速乘上般若船！
南無大悲觀世音，祈願我早日可以超越苦海！
南無大悲觀世音，祈願我可以迅速獲得戒定之道！
南無大悲觀世音，祈願我可以早日登上涅槃山！
南無大悲觀世音，祈願我可以迅速證得猶如寂靜宅舍般的涅槃！
南無大悲觀世音，祈願我可以早日得到和諸佛一樣的法性身！
假若我趣向刀山，刀山自然摧折。
假若我趣向火湯，火湯自然枯竭。
假若我趣向地獄，地獄自然消滅。
假若我趣向餓鬼，餓鬼自然得飽滿。
假若我趣向修羅，惡心自然會調伏。
假若我趣向畜生，畜生自然得大智慧。

發願完畢，接下來的持誦名號。此時必須觀想：「南無觀世音菩薩」和「南無阿彌陀佛」正在我的面前，稱念呼求名號的聲音必須哀痛殷切，就好像自己正在大火焚燒的屋中無處可逃，或即將沉入水中溺斃，急切祈求「南無觀世音菩薩」和「南無阿彌陀佛」的救濟。

稱念「南無觀世音菩薩」、「南無阿彌陀佛」名號。

觀世音菩薩向佛陀說：「世尊！如果有眾生誦持大悲神咒，還會墮入地獄、餓鬼、畜生三惡道的話，那麼我發誓不成就佛果；如果有眾生誦持大悲神咒，卻不能往生到諸佛國土的話，那麼我發誓不成就佛果；如果有眾生誦持大悲神咒，卻不能獲得無量三昧辯才的話，那麼我發誓不成就佛果；如果有眾生誦持大悲神咒，在現在這一生中的一切所求不能如願以償的話，那此咒就不能稱為「大悲心陀羅尼」了。

觀世音菩薩說完這些話之後，走向大眾集會前安詳合掌，對於一切眾生生起大悲

心，開顏含笑，開始說出「廣大圓滿無閡大悲心大陀羅尼神妙章句陀羅尼」言：
南無喝囉怛娜哆囉夜耶……（全咒中文翻譯請見134-141頁）

觀世音菩薩宣說完「大悲咒」後，大地馬上有六種象徵吉祥的震動，天上也紛紛落下如同珍寶般的花雨。十方諸佛都為眾生得到此咒語感到歡喜無比，障礙眾生得到善法的天魔外道，則因知道此咒對眾生將有的幫助而感到恐怖，毛髮直豎。一切與會大眾都因聽聞此咒獲得果證，小乘根機者，有的獲得初果須陀洹果，有的獲得二果斯陀含果，有的獲得三果阿那含果，有的獲得四果阿羅漢果；大乘菩薩根機者，則是分別獲得一地、二地、三地、四地、五地，甚至是十地的證果。還有無數無量眾生因此發起無上的菩提心。

第四科懺文的圖解

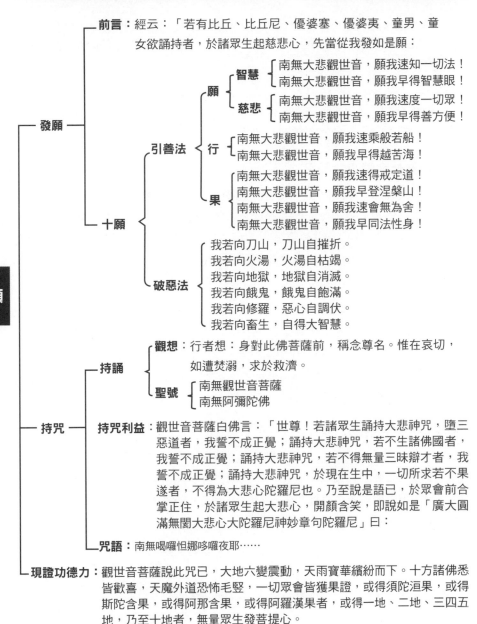

發願

- **發願**
  - **前言**：經云：「若有比丘、比丘尼、優婆塞、優婆夷、童男、童女欲誦持者，於諸眾生起慈悲心，先當從我發如是願：
  - **十願**
    - **引善法**
      - **願**
        - **智慧**
          - 南無大悲觀世音，願我速知一切法！
          - 南無大悲觀世音，願我早得智慧眼！
        - **慈悲**
          - 南無大悲觀世音，願我速度一切眾！
          - 南無大悲觀世音，願我早得善方便！
      - **行**
        - 南無大悲觀世音，願我速乘般若船！
        - 南無大悲觀世音，願我早得越苦海！
      - **果**
        - 南無大悲觀世音，願我速得戒定道！
        - 南無大悲觀世音，願我早登涅槃山！
        - 南無大悲觀世音，願我速會無為舍！
        - 南無大悲觀世音，願我早同法性身！
    - **破惡法**
      - 我若向刀山，刀山自摧折。
      - 我若向火湯，火湯自枯竭。
      - 我若向地獄，地獄自消滅。
      - 我若向餓鬼，餓鬼自飽滿。
      - 我若向修羅，惡心自調伏。
      - 我若向畜生，自得大智慧。

- **持咒**
  - **持誦**
    - **觀想**：行者想：身對此佛菩薩前，稱念尊名。惟在哀切，如遭焚溺，求於救濟。
    - **聖號**
      - 南無觀世音菩薩
      - 南無阿彌陀佛
  - **持咒利益**：觀世音菩薩白佛言：「世尊！若諸眾生誦持大悲神咒，墮三惡道者，我誓不成正覺；誦持大悲神咒，若不生諸佛國者，我誓不成正覺；誦持大悲神咒，若不得無量三昧辯才者，我誓不成正覺；誦持大悲神咒，於現在生中，一切所求若不果遂者，不得為大悲心陀羅尼也。乃至說是語已，於眾會前合掌正住，於諸眾生起大悲心，開顏含笑，即說如是「廣大圓滿無閡大悲心大陀羅尼神妙章句陀羅尼」曰：
  - **咒語**：南無喝囉怛那哆囉夜耶……

- **現證功德力**：觀世音菩薩說此咒已，大地六變震動，天雨寶華繽紛而下。十方諸佛悉皆歡喜，天魔外道恐怖毛豎，一切眾會皆獲果證，或得須陀洹果，或得斯陀含果，或得阿那含果，或得阿羅漢果者，或得一地、二地、三四五地，乃至十地者，無量眾生發菩提心。

26 爲什麼持咒懺悔前要先發願？

許多人只注意到觀世音菩薩的大悲願力，以及持誦大悲咒可以得到的利益，卻忽略了要得到持咒不可思議力量，必須和觀世音菩薩發起一樣的大悲願力。

一般性的「願」指希求之心，但佛教的「發願」不是只有內心生起希求，還包括在心裡下定決心，立志救度一切眾生的「誓願」。

◉懺悔為什麼需要發願呢？

為什麼持咒懺悔業障之前，觀世音菩薩要求我們先發無上菩提大願？仔細想想，不論我們過去犯過什麼樣的過錯，對象大概不出「一般有情眾生」或「佛法僧三寶」。如果犯錯的對象是一般有情眾生，對我們來說，最好的對治方式，就是重新調整態度，以「發起菩提心」來清償；如果犯錯的對象是三寶，而造下未來得不到善法的業，最好的對治方式是以「皈依」來清還。

佛教徒常念的四弘誓願：「眾生無邊誓願度，煩惱無盡誓願斷，法門無盡誓願學，佛道無上誓願成」，就是告訴我們要讓誓願成真，不但應該發起幫助無量無邊眾生離苦得樂、破迷開悟的誓願，還必須培養自己的能力，斷除煩惱，學習無量法門，最後才能圓滿成就佛道。當強大的誓願力強過業力時，不但惡業得以懺除，命運也會得到一百八十度翻轉，朝向成佛之道邁進。

◉走向大乘菩提心之路

有些人只留意觀世音菩薩度眾的誓願，或持咒可以得到的功德利益，因此許願時總多少帶有功利交易的心態：「請觀世音菩薩幫助完成……，將來會以印經或塑像等還願……」這種賄賂式的祈求，並不是佛法。

觀世音菩薩對眾生就像母親一樣，他的給予無任何條件，但如果我們所求不合理，只是增長自己的貪欲，觀世音菩薩怎麼會害我們呢？觀世音菩薩一心想幫助眾生能和他一樣走大乘菩提心之路，只要眾生以菩提心持咒，那麼修學上所遇到的種種障礙，觀世音菩薩承諾會圓滿無礙地給予幫助。

持誦「大悲咒」得不可思議力量

從自身感受到痛苦的經驗，到希望未來可得安樂而行善，再推己及人幫助他人。我們要以這樣生起的慈悲心來持大悲咒。

由苦知罪
引發慚愧懺悔

因為久病不癒等痛苦，
想起生平所犯過錯
而心生悔恨。

希求安樂
引生善法欲樂

希望獲得安樂，
開始行善積德。

所願順遂

以大慈悲心持咒，
和觀世音菩薩相應，
所願皆順遂。

因苦推己及人
引發大慈悲心

對別人的痛苦
感同身受。

《大悲懺》是大乘的懺法，
拜懺觀想時不要只想到自
己，要觀想與父母親友及
無量無邊的有情眾生一起
禮拜。

26

27 什麼是咒？持誦大悲咒可獲得哪十種利益？

自唐朝伽梵達摩翻譯《大悲心陀羅尼經》以來，持誦「大悲咒」便被認為具有不可思議力量，成為中國佛教徒流傳最廣的長咒。

◉濃縮無量義的咒語

「咒語」指具有超越語言文字的不可思議力量之祕密語。一般分為短咒、中咒和長咒，短咒有時只有一、二字，又稱為「種子字」；中咒只有數句，如《心經》的「揭諦！揭諦！波羅揭諦，波羅僧揭諦，菩提薩婆訶」；長咒又稱為「陀羅尼」，「大悲咒」屬於長咒，所以又稱為「大悲陀羅尼」。

> 「陀羅尼」的梵語為dhāranī，意為能持、能遮。如《大智度論》云：何以故名陀羅尼？云何陀羅尼？答曰：陀羅尼，秦言能持，或言能遮。能持者，集種種善法，能持令不散不失。……能遮者，惡不善根心生，能遮令不生，若欲作惡罪，持令不作，是名陀羅尼。

「能持」指陀羅尼可集種種善法，持令不散失；而「能遮」指可以消除一切障礙，讓惡法不起作用。前者表示咒語是一種特殊的記憶法，不論其字數多寡，每一字都濃縮無量義理。《佛地經論》卷五言：

> 陀羅尼者，增上念慧能總任持無量佛法，令不忘失。於一法中持一切法，於一文中持一切文，於一義中持一切義，攝藏無量諸功德，故名無盡藏。

因為咒語是「一法中持一切法，一文中持一切文，一義中持一切義」，一字一句濃縮無量義理，所以被認為具有不可思議的力量。

◉與觀世音菩薩相通的密語──大悲咒

咒語是以「音聲」感應的法門，持誦所發出的音頻特別容易和諸佛菩薩相感應，所以當咒語傳入中國時，並沒有譯出其意義，僅以發音相似的中文字記錄發音。咒語的內容大都是描述諸佛菩薩的內證本誓功德，還原其梵語，有些句子具有意義可直接翻譯，有些則無法直譯，只表示某種概念。如「大悲咒」中許多句子的第一個字「唵」（oj），在印度婆羅門的聖典吠陀中原是「應諾」

「咒」是什麼？

唸誦咒語被視為大乘佛教修行的一種方式，到底咒是什麼呢？咒是佛菩薩口中所說的神祕音聲，具有超越一般語言文字不可思議的力量，誦咒能幫助自己專注於一，並可獲得佛菩薩的智慧，其他還包括消災、祈福、除障等等功德。一般來說，咒分成短咒、中咒和長咒三種：

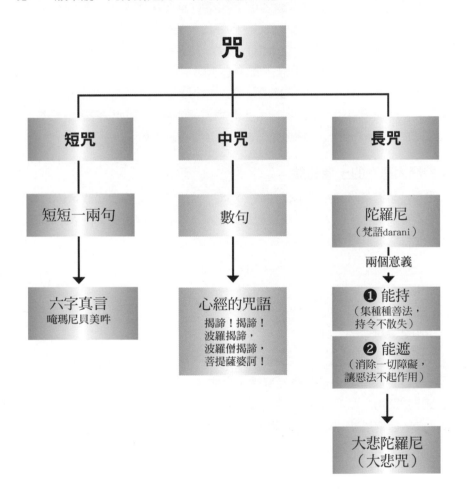

之義，但在佛教咒語中，則象徵「神聖」、「第一義」或「歸命」。另外，咒語句子結尾常使用的「莎婆訶」（svāhā），可以表示「成就」、「已得不失」、「吉祥」、「圓滿」或單純表示句子的結束，所以也不特別譯出意思。

那麼「大悲咒」的文字有意義嗎？如果有意義，需不需要理解呢？「大悲咒」是混合有意義和無意義的語言，內容描述及稱讚三寶和觀世音菩薩的大慈悲心。如果持誦的目的是希望集中心念，以持咒修清淨心，那麼可以把念頭集中在咒語的音聲上，排除雜念。集中心念除了達到清淨心念的效果外，因為「大悲咒」含有觀世音菩薩的誓願，也可以得到除病消災等世間成就。但是如果我們知道咒語意義，當念頭一心不亂時，就能再進一步思維觀想其意義，那麼可以止觀雙運、開發智慧，進而與觀世音菩薩感應道交。

◉持誦大悲咒的十種利益

咒語是諸佛菩薩的內證本誓功德，那麼「大悲咒」又隱含了觀世音菩薩說的哪些本誓功德呢？《大悲心陀羅尼經》記載，觀世音菩薩向佛陀表示，為了一切眾生可以得十種利益而說此咒。這十種利益是：

1.為諸眾生得安樂故	2.除一切病故
3.得壽命故	4.得富饒故
5.滅除一切惡業、重罪故	6.離障難故
7.增長一切白法諸功德故	8.成就一切諸善根故
9.遠離一切諸怖畏故	10.速能滿足一切諸希求故

所以特別是：不具足安樂的眾生、生病的眾生、希望獲得長壽的眾生、想得到富饒財物的眾生、感到有惡業眾罪的眾生、無緣無故有災難障礙發生的眾生、希望能夠增長一切善法的眾生、希望能夠具足善根修行的眾生、想排除心中恐懼的眾生、希望不論世間或出世間一切功德都能圓滿的眾生等，從現世的安樂直到成就佛果的所有利益，只要發廣大道心，能夠執持「大悲咒」，觀音菩薩都會給予無條件幫忙。

持誦大悲咒的十種利益

在《大悲心陀羅尼經》裡，觀世音菩薩向佛陀表示說，「大悲咒」的目的是為了讓一切眾生可以獲得下面這十種利益：

1 為諸眾生得安樂故
誦大悲咒，遠離一切痛苦與危難，
讓每個人都能身心安詳快樂！

2 除一切病故
誦大悲咒，可以治一切病痛，
包括身病和心病喔！

3 得壽命故
誦大悲咒，可以延長世間的壽命！

4 得富饒故
誦大悲咒，讓你過衣食無缺的生活。

5 滅除一切惡業、重罪故
誦大悲咒，把前世今生的過錯都清除乾淨了呢！

6 離障難故
誦大悲咒，可以讓你遠離修佛障礙和一切危難！

7 增長一切白法諸功德故
誦大悲咒，可增長清淨善法的一切功德，
讓諸功德圓滿俱足！

8 成就一切諸善根故
誦大悲咒，可成就善良的根性，
讓你無貪、無瞋、無癡！

9 遠離一切諸怖畏故
誦大悲咒，不會再有恐懼、害怕。

10 速能滿足一切諸希求故
誦大悲咒，短時間就能讓你所求如願！

28 大悲咒全文是什麼意思？

「大悲咒」全文有些是有意義的文字，有些則是無意義的音聲，內容主要在描述及稱讚三寶和觀世音菩薩的大慈悲心。「大悲咒」是大悲懺法會的主角，瞭解「大悲咒」的意涵，會讓你更容易進入佛菩薩的世界。

收錄在《大正藏》中的「大悲咒」，漢譯版本多達二十種，而《大悲懺》編入的是唐朝不空法師翻譯的八十四句版本。下面是不空大師所譯「大悲咒」八十四句全文，區分為三大段：

一、禮敬文（第1-17句）

南無喝囉怛娜哆囉夜耶(1) 南無阿唎耶(2) 婆盧羯帝爍鉢囉耶(3) 菩提薩埵婆耶(4) 摩訶薩埵婆耶(5) 摩訶迦盧尼迦耶(6) 唵(7) 薩皤囉罰曳(8) 數怛那怛寫(9) 南無悉吉栗埵伊蒙阿唎耶(10) 婆盧吉帝室佛囉楞馱婆(11) 南無那囉謹墀(12) 醯唎摩訶皤哆沙咩(13) 薩婆阿他豆輸朋(14) 阿逝孕(15) 薩婆薩哆那摩婆薩哆那摩婆伽(16) 摩罰特豆(17)

二、正文（第18-47句）

怛姪他(18) 唵阿婆盧醯(19) 盧迦帝(20) 迦羅帝(21) 夷醯唎(22) 摩訶菩提薩埵(23) 薩婆薩婆(24) 摩囉摩囉(25) 摩醯摩醯唎馱孕(26) 俱盧俱盧羯蒙(27) 度盧度盧罰闍耶帝(28) 摩訶罰闍耶帝(29) 陀囉陀囉(30) 地唎尼(31) 室佛囉耶(32) 遮囉遮囉(33) 麼麼罰摩囉(34) 穆帝隸(35) 伊醯伊醯(36) 室那室那(37) 阿囉嘇佛囉舍利(38) 罰沙罰嘇(39) 佛囉舍耶(40) 呼嚧呼嚧摩囉(41) 呼嚧呼嚧醯唎(42) 娑囉娑囉(43) 悉唎悉唎(44) 蘇嚧蘇嚧(45) 菩提夜菩提夜(46) 菩馱夜菩馱夜(47)

三、祝禱結願（第48-84句）

彌帝唎夜(48) 那囉謹墀(49) 地唎瑟尼那(50) 婆夜摩那(51) 娑婆訶(52) 悉陀夜(53) 娑婆訶(54) 摩訶悉陀夜(55) 娑婆訶(56) 悉陀喻藝(57) 室皤囉夜(58) 娑婆訶(59) 那囉謹墀(60) 娑婆訶(61) 摩羅那囉(62) 娑婆訶(63) 悉囉僧阿穆佉耶(64) 娑婆訶(65) 娑婆摩訶阿悉陀夜(66) 娑婆訶(67) 者吉囉阿悉陀夜(68) 娑婆訶(69) 波陀摩羯悉陀夜(70) 娑婆訶(71) 那囉謹墀皤伽囉耶(72) 娑婆訶(73) 摩婆利勝羯囉夜(74) 娑婆訶(75) 南無喝囉怛那哆囉夜耶(76) 南無阿唎耶(77) 婆盧吉帝(78) 爍皤囉夜(79) 娑婆訶(80) 唵悉殿都(81) 漫哆囉(82) 跋馱耶(83) 娑婆訶(84)。

《大悲咒》的梵、漢、英逐句解釋

一、禮敬文（第1-17句）

編號	梵文	中文音譯	中文翻譯	英文翻譯
(1)	namo ratna-trayāya	南無 喝囉怛娜-哆囉夜耶	禮敬三寶(1)！	Homage to the triple Gem!
(2)	nama āryā-	南無 阿唎耶-	禮敬聖(2)觀自在(3)菩薩(4)	Homage to the Holy Avalokiteshvara, Bodhisattva,
(3)	valokite-śvarāya	婆盧羯帝-爍鉢囉耶		
(4)	bodhi-sattvāya	菩提-薩埵婆耶		
(5)	mahā-sattvāya	摩訶-薩埵婆耶	摩訶薩(5)，大悲者(6)！	the Great Being, the Great Compassionate One!
(6)	mahā-kāruṇikāya	摩訶-迦盧尼迦耶		
(7)	oṃ	唵！	唵(7)!善布施者之一切祝禱(8)(9)！	Om! To all the chanting of the Good Givers.
(8)	sarva-raviye	薩皤-囉罰曳		
(9)	sudhanadasya	數怛那怛寫		
(10)	namas-kṛtvā imam āryā-	南無悉-吉栗埵伊蒙 阿唎耶-	禮敬之後，這位聖觀自在，幸福歡樂尊者(10)(11)	Having done homage, this holy Avalokiteshvara, the Lord of happiness
(11)	valokite-śvara-raṃdhava	婆盧吉帝-室佛囉-楞馱婆		
(12)	namo narakindi	南無 那囉謹墀	禮敬青頸觀音(12)	pays homage to Narakindi.
(13)	hrih mahā-vāt-svāme	醯唎 摩訶-皤哆-沙咩	醯利！偉大之主(13)	Hrih! To the Master possessing greatness,
(14)	sarva-arthato-śubhaṃ	薩婆-阿他豆-輸朋	一切皆美好(14)，無能勝者(15)！	Good from all points of vieśs, the Invincible One!
(15)	ajeyaṃ	阿逝孕		
(16)	sarva sat nama vaṣaṭ namo vāka	薩婆 薩哆 那摩 婆薩哆 那摩 婆伽	禮敬一切眾生，低吟「婆娑」與「南無」。(16)	Homage to All Beings, intoning vasat and namo,
(17)	mavitato	摩罰特豆	遠離束縛。(17)	free from bondage.

二、正文（第18-47句）

編號	梵文	中文音譯	中文翻譯	英文翻譯
(18)	tadyathā	怛姪他	即說咒曰：[18]	It runs like this.
(19)	oṃ avaloki	唵 阿婆盧醯	唵！觀照此世間者！[19][20]禮拜！[21]	Om! The Seer to the world! Worship!
(20)	locate	盧迦帝		
(21)	krate	迦羅帝		
(22)	e hrīḥ	夷 醯唎	誒！醯利！[22]大菩薩！[23]	Eh! hrih! The Great Bodhisattva!
(23)	mahā-bodhisattva	摩訶-菩提薩埵		
(24)	sarva sarva	薩婆 薩婆	一切，一切！[24]染污，染污！[25]	All, all! Defilement, defilement!
(25)	mala mala	摩囉 摩囉		
(26)	mahima hṛdayaṃ	摩醯摩 醯唎馱孕	偉大的心！[26]	The Great heart!
(27)	kuru kuru karmaṃ	俱盧 俱盧 羯蒙	作吧，作此業！[27]	Do, do the karmic work !
(28)	dhuru dhuru vijayate	度盧 度盧 罰闍耶帝	堅守，堅守！勝利者，[28]大勝利者！[29]	Hold fast, hold fast! To the Victor, the Great Victor!
(29)	mahā vijayate	摩訶 罰闍耶帝		
(30)	dhara dhara	陀囉 陀囉	堅持，堅持！[30]總持[31]自在者！[32]	Hold on, hold on! To Dhrini-ishvara!
(31)	dhṛnī-	地唎尼-		
(32)	śvarāya	室佛囉耶		
(33)	cala cala	遮囉 遮囉	行動吧，行動吧[33]我純淨的[34]解脫[35]！	Move, move! My pure Liberation!
(34)	mama vimala	麼麼 罰摩囉		
(35)	muktele	穆帝隸		
(36)	ehi ehi	伊醯 伊醯	來吧，來吧！[36]聽吧，聽吧！[37]	Come, come! Hear, hear!
(37)	śina śina	室那 室那		
(38)	ārṣaṃ prasari	阿囉嘇 佛囉舍利	賢哲之事物傳播流佈[38]，充滿世界，充滿世界！[39]征服！[40]	The Sage Things spread universally, universally! Having conquered!
(39)	viśva viśvaṃ	罰沙 罰嘇		
(40)	prasaya	佛囉舍耶		
(41)	hulu hulu mara	呼嚧 呼嚧 摩囉	呼嚧，呼嚧，往生！[41]	Quick, quick, the Death!

(42)	hulu hulu hrīḥ	呼盧 呼盧 醯利	呼嚧，呼嚧，醯利！(42)	Quick, quick, hrih!
(43)	sara sara	娑囉 娑囉	娑囉，娑囉！(43)	Descend, descend ! come down, come down ! Condescend, condescend !
(44)	siri siri	悉唎 悉唎	悉利，悉利！(44)	
(45)	suru suru	蘇嚧 蘇嚧	蘇嚧，蘇嚧！(45)	
(46)	bodhiya bodhiya	菩提夜 菩提夜	覺悟，覺悟！(46)	Enlighten, enlighten!
(47)	bodhaya bodhaya	菩馱夜 菩馱夜	已覺悟，已覺悟！(47)	Have awakened, have awakened.

三、祝禱結願（第48-84句）

編號	梵文	中文音譯	中文翻譯	英文翻譯
(48)	maitreya	彌帝唎夜	仁慈的(48) 青頸觀音！(49)	The Merciful Narakindi!
(49)	narakindi	那囉謹墀		
(50)	dhṛṣṇina	地唎瑟尼那	勇猛者！(50)令人敬畏的心！(51) 娑婆訶！(52)	The Courageous One! The Terrifying Mind! Svāhā!
(51)	bhayamana	婆夜摩那		
(52)	svāhā	娑婆訶		
(53)	siddhāya	悉陀夜	成就者！(53) 娑婆訶！(54)	To the Accomplished One! Svāhā!
(54)	svāhā	娑婆訶		
(55)	mahā-siddhāya	摩訶-悉陀夜	大成就者！(55) 娑婆訶！(56)	To the Great Accomplished One! Svāhā!
(56)	svāhā	娑婆訶		
(57)	siddhā-yoge-	悉陀-喻藝-	成就瑜伽自在者！(57)(58) 娑婆訶！(59)	To the Accomplished Master of Yoga! (shvara) Svāhā!
(58)	śvarāya	室皤囉夜		
(59)	svāhā	娑婆訶		
(60)	narakindi	那囉謹墀	青頸觀音！(60) 娑婆訶！(61)	To Narakindi! Svāhā!
(61)	svāhā	娑婆訶		
(62)	māraṇara	摩囉那囉	破壞者！(62) 娑婆訶！(63)	To the Destroyer! Svāhā!
(63)	svāhā	娑婆訶		

(64)	śira siṃha mukhāya	悉囉 僧阿 穆佉耶	具獅頭獅面者![64] 娑婆訶![65]	To the One śith a Lion's head and face! Svāhā!
(65)	svāhā	娑婆訶		
(66)	sarva mahā-asiddhāya	娑婆 摩訶-阿悉陀夜	一切大成就者![66] 娑婆訶![67]	To all the Great Accomplished Ones! Svāhā!
(67)	svāhā	娑婆訶		
(68)	cakra-asiddhāya	者吉囉-阿悉陀夜	法輪成就者![68] 娑婆訶![69]	To the Cakra Accomplished One! Svāhā!
(69)	svāhā	娑婆訶		
(70)	padma kastāya	波陀摩 羯悉陀夜	手持蓮花者![70]娑婆訶![71]	To the One holding a Lotus in hand! Svāhā!
(71)	svāhā	娑婆訶		
(72)	narakindi-vagalāya	那囉謹墀-皤伽囉耶	青頸觀音猛虎![72] 娑婆訶![73]	To Narakindi the tiger! Svāhā!
(73)	svāhā	娑婆訶		
(74)	mavari śaṅkharāya	摩婆利 勝羯囉夜	大威力的法螺![74] 娑婆訶![75]	To the Mighty Shavkhara! Svāhā!
(75)	svāhā	娑婆訶		
(76)	namo ratna-trayāya	南無 喝囉怛那-哆囉夜耶	歸命三寶![76]	Homage to the triple Gem!
(77)	namo āryā-	南無 阿唎耶-	歸命聖[77]觀[78]自在[79]！ 娑婆訶![80]	Homage to the holy Avalokiteshvara
(78)	valokite-	婆盧吉帝-		
(79)	śvarāya	爍皤囉夜		
(80)	svāhā	娑婆訶		
(81)	oṃ sidhyantu	唵 悉殿都	唵！成就[81]，咒語[82]，文句[83]，娑婆訶![84] （祈願本咒成就，娑婆訶！）	Om! May these mantra words be accomplished!
(82)	mantra	漫多囉		
(83)	padāya	跋馱耶		
(84)	svāhā	娑婆訶		

（資料參考：1. 釋惠敏，《梵音大悲懺修學》DVD教學，台北，西蓮淨院。2.《大悲咒研究》，林光明著，台北，迦陵出版社；3. 林光明著，《認識咒語》，台北，法鼓文化。）

青頸觀音

觀世音菩薩為了度化眾生示現許多化身。這些化身本體都是觀世音菩薩，不同形象的觀音，代表其不同的作用。「青頸觀音」是觀世音著名的三十三種化身中的第十四尊，象徵觀世音菩薩可解脫一切怖畏、厄難，或除病、滅罪、延命等作用。

三面：正面為慈悲相，右為獅子面，左為豬面。

四臂：分別執杖、蓮花、法輪及螺。

身著虎皮裙

青頸觀音

「青頸觀音」的形象在經典有不同的描述，最常見為二種：
1. 倚岩，左邊置瓶，瓶中插柳枝。（三十三觀音之一）
2. 四臂三面，身色為紅白，頸為青色（象徵煩惱即菩提）。正面是慈悲、清明和樂的相貌，頭戴寶冠，冠中有化無量壽佛；右邊是獅子面，象徵菩提心；左邊是豬面，象徵世人愚癡，執著於生死。四臂配有瓔珞手鐲等莊嚴，分別執杖、蓮花、輪和螺，身著虎皮裙，黑鹿皮從左肩而下，以黑蛇為線，坐立在八葉蓮花上。（《青頸觀自在菩薩心陀羅尼經》）

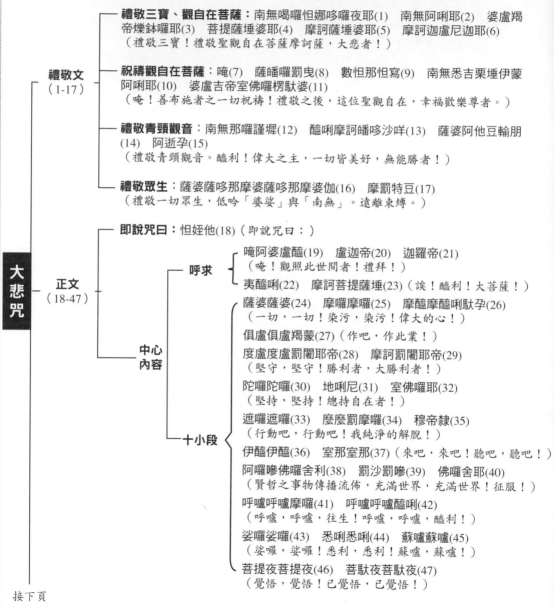

28 大悲咒的架構分判

大悲咒科判參考自：釋惠敏主講，《梵音大悲懺修學》DVD教學。

大悲咒

禮敬文（1-17）

- **禮敬三寶、觀自在菩薩：** 南無喝囉怛娜哆囉夜耶(1)　南無阿唎耶(2)　婆盧羯帝爍鉢囉耶(3)　菩提薩埵婆耶(4)　摩訶薩埵婆耶(5)　摩訶迦盧尼迦耶(6)
  （禮敬三寶！禮敬聖觀自在菩薩摩訶薩，大悲者！）

- **祝禱觀自在菩薩：** 唵(7)　薩皤囉罰曳(8)　數怛那怛寫(9)　南無悉吉栗埵伊蒙阿唎耶(10)　婆盧吉帝室佛囉㠇馱婆(11)
  （唵！善布施者之一切祝禱！禮敬之後，這位聖觀自在，幸福歡樂尊者。）

- **禮敬青頸觀音：** 南無那囉謹墀(12)　醯唎摩訶皤哆沙咩(13)　薩婆阿他豆輸朋(14)　阿逝孕(15)
  （禮敬青頸觀音。醯利！偉大之主，一切皆美好，無能勝者！）

- **禮敬眾生：** 薩婆薩哆那摩婆薩哆那摩婆伽(16)　摩罰特豆(17)
  （禮敬一切眾生，低吟「婆婆」與「南無」。遠離束縛。）

正文（18-47）

- **即說咒曰：** 怛姪他(18)　（即說咒曰：）

中心內容

- **呼求：**
  - 唵阿婆盧醯(19)　盧迦帝(20)　迦羅帝(21)
    （唵！觀照此世間者！禮拜！）
  - 夷醯唎(22)　摩訶菩提薩埵(23)（誒！醯利！大菩薩！）

十小段

- 薩婆薩婆(24)　摩囉摩囉(25)　摩醯摩醯唎馱孕(26)
  （一切，一切！染污，染污！偉大的心！）
- 俱盧俱盧羯蒙(27)（作吧，作此業！）
- 度盧度盧罰闍耶帝(28)　摩訶罰闍耶帝(29)
  （堅守，堅守！勝利者，大勝利者！）
- 陀囉陀囉(30)　地唎尼(31)　室佛囉耶(32)
  （堅持，堅持！總持自在者！）
- 遮囉遮囉(33)　麼麼罰摩囉(34)　穆帝隸(35)
  （行動吧，行動吧！我純淨的解脫！）
- 伊醯伊醯(36)　室那室那(37)（來吧，來吧！聽吧，聽吧！）
- 阿囉嘇佛囉舍利(38)　罰沙罰嘇(39)　佛囉舍耶(40)
  （賢哲之事物傳播流佈，充滿世界，充滿世界！征服！）
- 呼嚧呼嚧摩囉(41)　呼嚧呼嚧醯唎(42)
  （呼嚧，呼嚧，往生！呼嚧，呼嚧，醯利！）
- 娑囉娑囉(43)　悉唎悉唎(44)　蘇嚧蘇嚧(45)
  （娑囉，娑囉！悉利，悉利！蘇嚧，蘇嚧！）
- 菩提夜菩提夜(46)　菩馱夜菩馱夜(47)
  （覺悟，覺悟！已覺悟，已覺悟！）

接下頁

承上頁

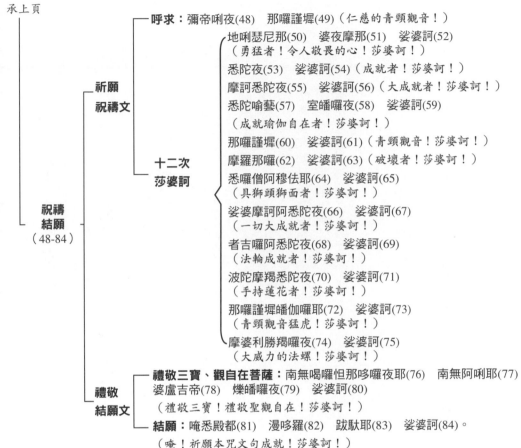

呼求：彌帝唎夜(48)　那囉謹墀(49)（仁慈的青頸觀音！）

地唎瑟尼那(50)　婆夜摩那(51)　娑婆訶(52)
（勇猛者！令人敬畏的心！莎婆訶！）

悉陀夜(53)　娑婆訶(54)（成就者！莎婆訶！）

摩訶悉陀夜(55)　娑婆訶(56)（大成就者！莎婆訶！）

悉陀喻藝(57)　室皤囉夜(58)　娑婆訶(59)
（成就瑜伽自在者！莎婆訶！）

那囉謹墀(60)　娑婆訶(61)（青頸觀音！莎婆訶！）

摩羅那囉(62)　娑婆訶(63)（破壞者！莎婆訶！）

悉囉僧阿穆佉耶(64)　娑婆訶(65)
（具獅頭獅面者！莎婆訶！）

娑婆摩訶阿悉陀夜(66)　娑婆訶(67)
（一切大成就者！莎婆訶！）

者吉囉阿悉陀夜(68)　娑婆訶(69)
（法輪成就者！莎婆訶！）

波陀摩羯悉陀夜(70)　娑婆訶(71)
（手持蓮花者！莎婆訶！）

那囉謹墀皤伽囉耶(72)　娑婆訶(73)
（青頸觀音猛虎！莎婆訶！）

摩婆利勝羯囉夜(74)　娑婆訶(75)
（大威力的法螺！莎婆訶！）

禮敬三寶、觀自在菩薩：南無喝囉怛那哆囉夜耶(76)　南無阿唎耶(77)
婆盧吉帝(78)　爍皤囉夜(79)　娑婆訶(80)
（禮敬三寶！禮敬聖觀自在！莎婆訶！）

結願：唵悉殿都(81)　漫哆囉(82)　跋馱耶(83)　娑婆訶(84)。
（唵！祈願本咒文句成就！莎婆訶！）

呼求
祈願
祝禱文
十二次
莎婆訶

祝禱
結願
（48-84）

禮敬
結願文

持誦「大悲咒」可得不可
思議的力量，知道咒文意
思，又能以結構背誦，持
誦時更容易隨文觀想，達
到最佳的修持效果。

大悲咒全文是什麼意思？

28

罪，求乞懺悔，畢竟消除。惟願
大悲觀世音菩薩摩訶薩，千手護持，千眼照見。令我等內外障緣
寂滅，自他行願圓成，開本見知，制諸魔外，三業精進，修淨土
因。至捨此身，更無他趣，決定得生，阿彌陀佛極樂世界，親承
供養。至捨此身，更無他趣，決定得生，阿彌陀佛極樂世界，親承
大悲觀音。具諸總持，廣度羣品，皆出苦輪，同到智地。懺悔發
願已。歸命禮三寶。

想此道場如法界十方三寶罥塞虛空，以次迴身旋繞法座。十方三寶心性寂滅，影現十
方，心想如夢，梵聲如響，勿令心散。

南無十方佛　　　　南無十方法
南無十方僧　　　　南無本師釋迦牟尼佛
南無阿彌陀佛　　　南無千光王靜住佛
南無廣大圓滿無礙大悲心大陀羅尼
南無千手千眼觀世音菩薩
南無大勢至菩薩　　南無總持王菩薩

重點提問B：
逆轉心念的方法有哪十種？
（見第29題，150-153頁）

重點提問A：
如何從惡業根源的六根懺悔起？
（見第30題，154-155頁）

我及眾生無始常為三業❶六根❷重罪所障，不見諸佛，不知出要，但順生死，不知妙理。我今雖知，猶與眾生同為一切重罪所障。今對觀音十方佛前，普為眾生，歸命懺悔，惟願加護，令障消滅念已。

普為四恩三有❸法界眾生。悉願斷除三障❹。歸命懺悔。

我與眾生無始來今，由愛見故，內計我人。外加惡友，不隨喜他，一毫之善。惟遍三業，廣造眾罪，惡心遍布。晝夜相續，無有間斷。覆諱過失，不欲人知。不畏惡道。無慚無愧。撥無因果。故於今日，深信因果。生重慚愧。生大怖畏。發露懺悔。斷相續心。發菩提心。斷惡修善。勤策三業，翻昔重過。隨喜凡聖，一毫之善。念十方佛，有大福慧，能救拔我及諸眾生，從二死❺海，置三德❻岸。從無始來，不知諸法本性空寂，廣造眾惡，今知空寂，為求菩提，為眾生故，廣修諸善，遍斷眾惡。惟願觀音慈悲攝受。

至心懺悔，弟子某甲等與法界一切眾生，現前一心，本具千法，皆有神力，及以智明，上等佛心，下同含識❼。無始闇動，障此靜明，觸事昏迷，舉心縛著。平等法中，起自他想，愛見為本，身口為緣，於諸有中，無罪不造。十惡❽五逆❾，謗法謗人，破戒破齋，毀塔壞寺，偷僧祇物，污淨梵行，侵損常住，飲食財物，千佛出世，不通懺悔。如是等罪，無量無邊，捨茲形命，合墮三途，備嬰萬苦。復於現世，眾惱交煎，或惡疾縈纏，他緣逼迫，障於道法，不得熏修，今遇大悲圓滿神咒，速能滅除如是罪障。故於今日，至心誦持，歸向觀世音菩薩及十方大師，發菩提心，修真言行，與諸眾生發露眾

（三皈依）

自歸依佛，當願眾生，體解大道，發無上心。

自歸依法，當願眾生，深入經藏，智慧如海。

自歸依僧，當願眾生，統理大眾，一切無礙，和南聖眾。

（回向偈）

願消三障諸煩惱，願得智慧真明了，

普願罪障悉消除，世世常行菩薩道。

第五科懺文的名詞解釋

❶ **三業**：「業」指行為、作用或意志等所引發的身心活動，三業分別指身業、口業和意業。「身業」是身體所做的行為，身的惡業為殺生、不與取、欲邪行等，身善業為不殺、不盜、不淫。「口業」又稱語業，指嘴巴所做之行為，口惡業有妄語、離間語、惡語、綺語等，反之口善業為不妄語、不兩舌、不惡語、不綺語。「意業」指意念之生起，惡意業是貪欲、瞋恚、邪見等，善意業則是不貪、不瞋、不邪見。

❷ **六根**：指眼根（視覺）、耳根（聽覺）、鼻根（嗅覺）、舌根（味覺）、身根（觸覺）、意根（思維）等六種感覺器官或認知能力。

❸ **四恩三有**：「四恩」指父母恩、眾生恩、國王恩、三寶恩，這四者在過去輾轉幫助過我們，是我們應該生起感恩的對象。「三有」等同三界，分別指欲有、色有和無色有，在此泛指三界六道一切有情。

❹ **三障**：指煩惱障、業障、異熟障等三種障礙。「煩惱障」為因本性具足貪、瞋、癡三煩惱而造成修學的障礙。「業障」指過去由身口意造作之不善業，所引發修學的障礙。「異熟障」指以煩惱、業等招感地獄、餓鬼、畜生等三惡趣的果報，以致造成修學障礙。

❺ **二死**：指二種捨命死亡的狀況，其中「命盡死」為壽命終了而死，「外緣死」則是自殺或他殺等橫死。

❻ **三德**：指達到涅槃成就佛果時，所具有的法身、般若、解脫等三種德相。「法身」指無漏無為、無生無滅本來具足的真如之身，「般若」指所悟得的智慧，「解脫」指可以徹底脫離一切的煩惱束縛。

❼ **含識**：指具有心識的有情眾生，六道之有情眾生都有心識，此為總攝六道一切有情眾生。

❽ **十惡**：指十種不善業，分別是殺生、偷盜、邪淫、妄語、兩舌（離間語）、惡口（罵語）、綺語（浮華不實語）、貪欲、瞋恚、愚癡。

❾ **五逆**：指五種極大的惡罪，包括殺母、殺父、殺阿羅漢、出佛身血（指佛在世時，傷了佛的身體，也包括毀壞佛像）、破和合僧等。

第五科懺文的白話解說

（懺悔時應該這樣觀想：）我和所有一切的眾生，從過去無始以來由身業、口業、意業引起眼睛、耳朵、鼻子、舌頭、身體以及意念等感覺器官造作出種種惡業障礙。過去的生命不知道要出離痛苦，只能順著生死輪迴流轉，既沒有聽聞諸佛教誨，也不知道其中的妙理。現在雖然已經聽聞教導，但我及眾生仍然被過去的重罪所障礙著。在慈悲的觀世音菩薩和十方無量諸佛前，我將代表一切有情眾生皈依，並真誠懺悔過去無始以來的種種罪障，祈願得到觀世音菩薩和十方無量諸佛的加持愛護，令這些障礙消除，未來修學能夠順利。

現在代表過去對我有恩的父母、眾生、國王、三寶以及三界六道一切的有情眾生發願，祈願觀世音菩薩及十方諸佛加持，讓我們有力量斷除修學上的煩惱障、業障和異熟障。現在我們將皈依您、向您懺悔過去種種的錯誤。

（懺悔時應該這樣觀想：）我和眾生從過去無始以來，由於愚癡無明而錯誤執著有「我」和「我的」，對於我喜歡的東西產生貪愛，不喜歡的則生起瞋恨，造下種種罪業，流轉生死。內心不但有種種煩惱，外面還有惡友煽動邪法，勸誘造下更多惡事。不但只做惡事，不做善事，看到他人做了一點點善事還會嫉妒。任意放縱身業、口業和意業，沒有什麼惡事不做。就算有些事情惡行不深，但是內心起的惡念卻很廣。這樣的惡念日夜相續，從來沒有間斷。一旦被別人發現過錯，就急著想要趕快掩蓋，外表假裝善良賢德，其實內心常懷狡詐。對於造作的種種壞事，一點也不怕淪落到三惡道中。對於自己的所做所為，內心既不慚愧，傷害他人也不感到羞恥。從不相信善業得樂報，惡業會帶來苦報。

但是從現在開始，我將皈依諸佛，正信業果。對於過去所造的種種惡業感到非常慚愧，想到人生無常，將來可能招感的苦果，內心非常恐懼害怕。對於過去的錯誤，我願意毫無隱藏地說出懺悔，祈求諸佛加持，斷除相續的惡心。我願意發起和諸佛一樣的菩提心，和觀世音菩薩一樣給予眾生一切安樂，拔除眾生一切痛苦。從今日開始，我將策勵身業、口業和意業，精進修功補過，守護正法，增長自己和他人的一切善行。時時憶念著諸佛的教導，祈求諸佛能以無量的功德、智慧加護我，將我及眾生從生死的輪迴救拔到涅槃成佛的彼岸。過去因為錯誤執著，而生起貪瞋癡，造下種種的惡業；現在我已經知道諸法為因緣所生，本是空寂，無生無滅，既然沒有造罪者，罪性也無實體。請求觀世音菩薩慈悲攝受，從今之後，我將為一切的有情眾生廣修善法，破除無明妄心，追求無上的菩提果。

在此弟子某甲和法界一切有情眾生，以現前這一念「靈知靈覺的真如佛性」的本心，向觀世音菩薩及十方諸佛真誠懺悔。這一念心本性是圓滿具足宇宙萬法，上至

諸佛，下至三界六道的一切有情眾生都無二無別，只因為凡夫眾生無始以來的愚癡無明，障礙遮蔽本有清明佛性，致使遇事行為昏昧，舉心動念都被煩惱所繫縛。在眾生本質是平等無差別中，愚癡無明的妄心對立出「我」與「他」，內心對於我喜歡的東西生起貪愛，我不喜歡的東西生起瞋恨，接著形諸於身體、語言等行為做出種種傷害他人的事，仔細想想，似乎沒有什麼惡事沒有做過。從無始以來，或曾殺人、偷盜、邪淫、妄語、惡口、兩舌、綺語、貪欲、瞋恚、愚癡，或殺母、殺父、殺阿羅漢、出佛身血、破和合僧，或毀謗佛法及他人，或違犯持守的清淨戒律，或毀壞佛塔、破壞寺院、偷竊出家眾的財物，或侵污他人離欲的清淨行，或損害寺院飲食、財物等。這些種種惡業不知做了多少，就算諸佛曾經教導我，我也不知道要懺悔。這些無量無邊的惡業，令我無始以來的生命淪落到地獄、餓鬼和畜生道當中，受盡種種痛苦。現在好不容易投生成為人了，內心卻被種種煩惱痛苦所煎熬，身體也擺脫不了種種病痛，希望能夠修學佛法，偏偏有許多俗事障礙而無法安心學習。現在總算遇到圓滿的「大悲神咒」，能夠快速滅除過去所造下的種種惡業。所以，現在我將以最至誠懇切的心持誦，皈依依靠觀世音菩薩和十方諸佛。我將發起和諸佛一樣的菩提心，真誠地向過去所傷害的眾生說出過錯，乞求懺悔，祈願以「大悲咒」的力量，將這些罪業完全剷除。祈願觀世音菩薩以千手救拔我及眾生，以千眼照見引領，令我們內外等修學的障礙能夠消除，自利利他的所有心願都能夠圓滿達成。開發本有的佛性，不但制伏住阻礙修學的內外魔障，還能身口意業精進，修持未來得生佛國淨土的因。當此生的生命結束，一定不會投生別處，只會往生到阿彌陀佛的西方極樂世界，那時我將親自供養感恩大悲觀世音菩薩。但願持誦咒語懺悔的功德，可以利益一切有情，回向一切有情都能出離痛苦的輪迴，共同圓滿成就佛果。懺悔發願結束，再次皈依頂禮三寶。

（懺悔結束後，必須觀想：）法會現場猶如無邊無盡的法界，十方三世的佛、法、僧三寶遍滿虛空之中，接著再轉身繞回座位。回到座位時，跟隨法器梵唄的敲奏，應該繼續觀想，不可以讓心散亂，要知道十方三寶的本性是空寂，所以顯現於十方虛空之中。

再次皈依十方三世一切佛，十方三世一切法，十方三世一切僧，本師釋迦牟尼佛、阿彌陀佛、千光王靜住佛、廣大圓滿大悲心大陀羅尼咒，千手千眼觀世音菩薩、大勢至菩薩、總持王菩薩。

第五科懺文的圖解

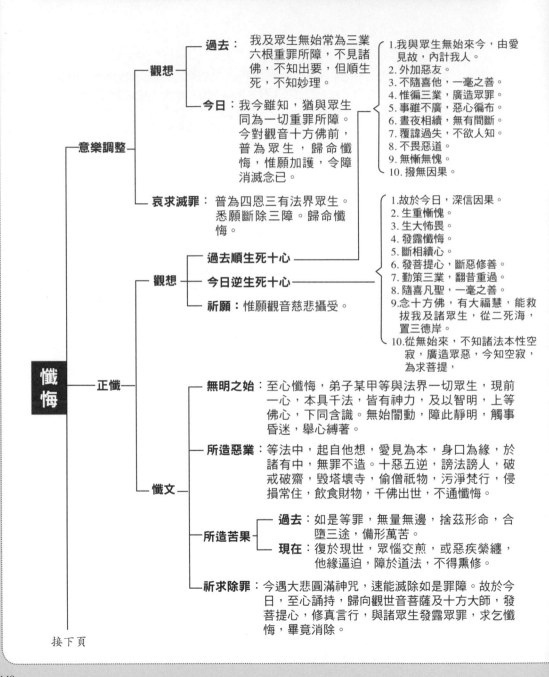

懺悔

意樂調整
　觀想
　　過去：我及眾生無始常為三業六根重罪所障，不見諸佛，不知出要，但順生死，不知妙理。
　　今日：我今雖知，猶與眾生同為一切重罪所障。今對觀音十方佛前，普為眾生，歸命懺悔，惟願加護，令障消滅念已。

1. 我與眾生無始來今，由愛見故，內計我人。
2. 外加惡友。
3. 不隨喜他，一毫之善。
4. 惟徧三業，廣造眾罪。
5. 事雖不廣，惡心徧布。
6. 晝夜相續，無有間斷。
7. 覆諱過失，不欲人知。
8. 不畏惡道。
9. 無慚無愧。
10. 撥無因果。

　哀求滅罪：普為四恩三有法界眾生。悉願斷除三障。歸命懺悔。

正懺
　觀想
　　過去順生死十心
　　今日逆生死十心
　　祈願：惟願觀音慈悲攝受。

1. 故於今日，深信因果。
2. 生重慚愧。
3. 生大怖畏。
4. 發露懺悔。
5. 斷相續心。
6. 發菩提心，斷惡修善。
7. 勤策三業，翻昔重過。
8. 隨喜凡聖，一毫之善。
9. 念十方佛，有大福慧，能救拔我及諸眾生，從二死海，置三德岸。
10. 從無始來，不知諸法本性空寂，廣造眾惡，今知空寂，為求菩提，

　懺文
　　無明之始：至心懺悔，弟子某甲等與法界一切眾生，現前一心，本具千法，皆有神力，及以智明，上等佛心，下同含識。無始闇動，障此靜明，觸事昏迷，舉心縛著。

　　所造惡業：等法中，起自他想，愛見為本，身口為緣，於諸有中，無罪不造。十惡五逆，謗法謗人，破戒破齋，毀塔壞寺，偷僧祇物，污淨梵行，侵損常住，飲食財物，千佛出世，不通懺悔。

　　所造苦果
　　　過去：如是等罪，無量無邊，捨茲形命，合墮三途，備形萬苦。
　　　現在：復於現世，眾惱交煎，或惡疾縈纏，他緣逼迫，障於道法，不得熏修。

　　祈求除罪：今遇大悲圓滿神咒，速能滅除如是罪障。故於今日，至心誦持，歸向觀世音菩薩及十方大師，發菩提心，修真言行，與諸眾生發露眾罪，求乞懺悔，畢竟消除。

接下頁

承上頁

結願文：惟願大悲觀世音菩薩摩訶薩，千手護持，千眼照見。
令我等內外障緣寂滅，自他行願圓成，開本見知，
制諸魔外，三業精進，修淨土因。至捨此身，更無他
趣，決定得生，阿彌陀佛極樂世界，親承供養大悲觀
音。具諸總持，廣度群品，皆出苦輪，同到智地。懺
悔發願已。歸命禮三寶。

結願

觀想：想此道場如法界十方三寶罥塞虛空，以次迴身旋繞法
座。十方三寶心性寂滅，影現十方，心想如夢，梵聲如
響，勿令心散。

禮拜十方佛

南無十方佛　　　南無十方法
南無十方僧　　　南無本師釋迦牟尼佛
南無阿彌陀佛　　南無千光王靜住佛
南無廣大圓滿無礙大悲心大陀羅尼
南無千手千眼觀世音菩薩
南無大勢至菩薩　南無總持王菩薩

29 逆轉心念的方法有哪十種？

為了達到和諸佛一樣清淨圓滿的覺悟，《大悲懺》懺悔的不只是曾做過某件顯而易見的錯事，而是總懺無始以來生命造下的大大小小罪業。

凡夫因無明迷惑而造作種種罪業，在生死輪迴中浮沉，如果要安定身心、開發本有的智慧，從痛苦的生死輪迴出離，就必須對過去所造的「總體罪業」懺悔淨除。那麼，要如何顯露我們無始以來的罪業呢？又要如何對症下藥、清淨懺除呢？仔細閱讀《大悲懺》在懺悔之前的觀想文，可以發現當中整理出十種眾生流轉生死的心，以及應該如何將之逆轉，以便出離生死的十種心。

◉流轉生死的十種心

十種讓生命順流生死的染污心是：

1. 無明昏暗：由於內心的無明昏昧，顛倒生起妄想，執著「我」和「我所」，對於「我」喜歡的生貪愛，不喜歡的生瞋恨，開始造下種種眾業，流轉生死。（由愛見故，內計我人）

2. 外加惡友：內心不但有種種煩惱，加上外面還有惡友煽動邪法，勸誘造下更多惡事，失去人生正確的方向。

3. 無隨喜心：不但只做惡事，不做善事，看到他人做了一點點善事還會嫉妒。（不隨喜他，一毫之善）

4. 三業造惡：任意放縱自己的身業、口業和意業，沒有什麼惡事不做。（惟徧三業，廣造眾罪）

5. 惡心遍布：就算有些事情惡行不深，但是內心生起的惡念卻很廣。（事雖不廣，惡心徧布）

6. 惡念相續：這樣的惡念日夜相續，從來沒有間斷。（晝夜相續，無有間斷）

7. 覆諱過失：一旦被別人發現過錯，就急著想要趕快掩蓋，外表假裝善良賢德，其實內心常懷狡詐。（覆諱過失，不欲人知）

8. 不畏惡道：對於造作的種種壞事，一點也不怕淪落到三惡道中。

9. 無慚愧心：對自己的所做所為，內心既不慚愧，也不覺羞恥。（無慚無愧）

10. 不信因果：從不相信善業得樂報，惡業會帶來苦報。（撥無因果）

過去流轉生死的十種心

《大悲懺》明確指出讓我們無始以來流轉生死的十種心，顯露這些罪業，將使得我們懺悔更具體，更有力量。

1 無明昏暗：對於自己喜歡的心生貪愛

⬇

2 外加惡友：受惡友煽動而做下更多惡事

⬇

3 無隨喜心：看到他人做善事而嫉妒

⬇

4 三業造惡：放縱自己的身業、口業和意業，沒有什麼惡事不做

⬇

5 惡心遍布：就算惡行不深，但內心生起的惡念卻很廣

⬇

6 惡念相續：惡念日日夜夜沒有間斷

⬇

7 覆諱過失：被別人發現過錯，就急著要掩蓋

⬇

8 不畏惡道：做盡壞事，不怕淪落三惡道

⬇

9 無慚愧心：傷害他人不感到羞恥，對惡行不感羞愧

⬇

10 不信因果：從不相信善業得樂報，惡業會帶來苦報

◉ 逆流生死的十種心

一旦知道流轉生死的因之後，現在就應該開始運心懺悔，以下面逆流生死的十種心來對治：

1. 深信因果：首先必須深信因果，對於善惡果報不疑。此破除「不信因果心」。

2. 生重慚愧：對於過去沒有羞恥心所造的種種惡業，感到非常慚愧。此破除「無慚愧心」。

3. 生大怖畏：想到人生無常，將來可能招感的苦果，內心非常恐懼害怕。此破除「不畏惡道心」。

4. 發露懺悔：對於過去的一切錯誤，願意毫無隱藏地說出並懺悔。此破除「覆諱過失心」。

5. 斷相續心：斷絕相續的惡行及惡念。此破除「惡念相續心」。

6. 發菩提心：誓願發起和諸佛一樣的菩提心，和觀世音菩薩一樣給予眾生一切安樂，拔除眾生一切痛苦。此破除「惡心遍布心」。

7. 斷惡修善：策勵身業、口業和意業，精進修功補過。此破除「三業造惡心」。（斷惡修善。勤策三業，翻昔重過）

8. 守護正法：守護正法，增長自己和他人的一切善行。此破除「無隨喜心」。（隨喜凡聖，一毫之善）

9. 常念十方諸佛：時時憶念諸佛，相信諸佛能以無量功德、智慧加護我，將我及眾生從生死的輪迴救拔到涅槃成佛的彼岸。以破除「外加惡友心」。（念十方佛，有大福慧，能救拔我及諸眾生，從二死海，置三德岸。）

10. 觀罪性空：過去因為錯誤執著，而生起貪嗔癡，造下種種的惡業；現在我已經知道諸法為因緣所生，本是空寂，無生無滅，既然沒有造罪者，罪性也無實體。此破除「無明昏闇心」。（從無始來，不知諸法本性空寂，廣造眾惡，今知空寂，為求菩提，為眾生故，廣修諸善，遍斷眾惡。）

智者大師在《摩訶止觀》中指出這二十心是所有懺悔之本，特別是逆流生死的十種心可以滅除重罪。如果不知道這十種心，還談什麼「懺悔」呢？就算是身在拜懺，也只是徒具形式，一點幫助也沒有。

現在逆轉生死的十種心

現在起以這十種逆轉生死之心來破除輪轉生死的十種心，以滅除重罪，走向覺悟之路。

10 觀罪性空：知道諸法本是空寂，沒有造罪者，罪性也無實體

9 念十方佛：能救拔我及諸眾生，時時憶念著諸佛

8 守護正法：守護正法，增長自己和他人的一切善行

7 斷惡修善：在身業、口業和意業三方面精進修功補過

6 發菩提心：發起菩提心，和觀世音菩薩一樣救度眾生

5 斷相續心：斷絕接連不斷的惡行、惡念

4 發露懺悔：對過去的一切錯誤，願意毫無隱藏地說出並懺悔

3 生大怖畏：想到人生無常，將來可能招感的苦果，內心恐懼害怕

2 生重慚愧：對於過去種種惡業，感到非常慚愧

1 深信因果：對於善有善報、惡有惡報，一點都不懷疑

30 如何從惡業根源的六根懺悔起？

我知道自己曾做過很多錯事，但一時無法具體地想出來，懺悔可以從那裡懺悔起呢？懺悔過後又應該如何保護自己不再造業？

◉懺悔六根

佛法將個人認識外界的感覺器官，分為眼睛、耳朵、鼻子、舌頭、身體和意識等六種，稱之為「六根」。如果把我們的身體比喻成房子，那麼六根就是和外界溝通的六個門，不論是善業或惡業，都必須透過這六扇門來接收或發動行為。既然罪業是透過六根所造作，那麼是否也可以透過眼、耳、鼻、舌、身、意等「六根門頭」向諸佛一一禮拜懺悔呢？於是除了對順逆生死二十心的懺悔外，天台宗的智者大師還參考《觀普賢菩薩行法經》，整理出對六根一一懺悔的方法。

眼根對應外界的對象是色塵，耳根是聲塵，鼻根是香塵，舌根是味塵，身根是觸塵，意根則是法塵。「塵」指外境，因為凡夫的起心動念帶有貪瞋癡等種種煩惱，所以對應的「塵」都是帶有「染污意」的外境。例如，我們的眼睛總是流連著美好的事物，貪著男女情色愛欲，或為了得到更好的物質，追求名利財富，致使我們喪失理智，顛倒行事，而造作各種惡業。眼根讓我們成為貪欲的奴隸，纏縛著我們在三惡道中輪迴，遭到無盡的痛苦。事實上，十方諸佛是常在不滅的，但眼根的染污卻障礙著我們，讓我們無法看見。耳根、鼻根、舌根、身根和意根也都是如此。

◉清淨六根

過去無始以來，因為不瞭解因緣所生法，任由六根攀緣外境，對如幻如化的事物迷妄執著，而造作了諸惡。現在具體思維六根所犯的錯誤，令心生起慚愧，至誠懺悔，截斷長期相續的惡習慣。因為建立了正確知見，以後也能起心思維觀照，改變六根任意攀緣的習慣。當六根逐漸懺悔清淨，又不再造作新惡業，六根原本的能力就可以顯現出來。《法華經》中描述，當六根清淨時，「眼能見三千大千世界之色，耳能聞三千大千世界之聲，身能變現種種神異」，具有種種不可思議的功德能力。

如何懺悔六根，達到清淨狀態？

天台宗的智者大師參考了《觀普賢菩薩行法經》，為我們整理出了對六根一一懺悔的方法。

六根	對境	過去因 （貪瞋癡）	過去果 （所造惡業）	現在因 （懺悔方式）	未來果 （清淨狀態）
眼根	色塵	美麗之物 ▶ 貪戀強索		**懺除眼根**所犯的過錯，不敢隱藏 ▶	見十方諸佛常在不滅
耳根	聲塵	聽到惡言 ▶ 瞋恨報復		**懺除聲根**所犯的過錯，不敢隱藏 ▶	聽聞十方諸佛說法
鼻根	香塵	香氛香水 ▶ 貪戀執著		**懺除鼻根**所犯的過錯，不敢隱藏 ▶	得十方諸佛的功德妙香
舌根	味塵	饍膳美食 ▶ 口腹之慾		**懺除舌根**所犯的過錯，不敢隱藏 ▶	言說諸佛正確教法
身根	觸塵	曼妙女身 ▶ 貪愛強求		**懺除身根**所犯的過錯，不敢隱藏 ▶	感到十方諸佛放光照我
意根	法塵	分別嫉妒 ▶ 愚癡造惡		**懺除意根**所犯的過錯，不敢隱藏 ▶	了知一切教法

Part 3

大悲懺法會面面觀

前面我們已經瞭解了懺悔的意義和懺文內容，接下來就是正式拜懺的修持了。在大悲懺法會的懺悔儀式中，透過身禮拜、口念誦、意觀想，將先前學習、思維的法義，轉而以身體所有感覺來掌握、體悟。本章將具體介紹大悲懺法會的各種事儀，可讓我們更快融入法會氣氛，觸動深刻懇切地懺悔，清除內心的髒垢，重新出發。

本章學習重點：

• 什麼是梵唄？梵唄的音聲修行特色？
• 法會應注意哪些禮儀？
• 法會裡有哪些成員？
• 如何看懂懺本符號？如何跟隨唱誦、禮拜、經行？
• 成功拜懺的關鍵？

(31) 什麼是梵唄？

大悲懺是一場向觀音菩薩懺悔的法會，法會儀式的開展需要仰賴梵唄的協助。什麼是「梵唄」呢？佛教的梵唄文化又是如何產生？

「梵唄」是指佛教以一種特定旋律和節奏的聲音來誦念經文，或讚詠、歌頌諸佛的功德。中國寺院數百年來，所有的修行科目、法事，無一不是伴以梵唄詮釋繁複佛教義理，帶出人們深刻的宗教情感。

◉來自印度的唄匿

這種以旋律念誦經文的傳統，淵源自孕育佛教的印度文化。古代印度的經典都是以口耳相傳的方式保存下來，和現代的觀念不同，他們認為口傳比文字更能夠滲透到心靈，更值得依賴。佛陀在世間傳法的四十五年間，也是以這種口傳方式來教導弟子，直到佛陀入滅後四百多年（西元前一世紀），弟子們為防止教法佚失，才開始公開誦出，並以文字記錄成正式的佛教經典。

在漫長的口傳期間，佛弟子們經常聚集起來，以有旋律的方式念誦佛陀的教法，或是讚美佛陀的功德。這種運用旋律來諷誦經文、讚佛的方式，梵文稱為pāṭhā，意為「讚佛」、「止息」，中文音譯為「唄」或「唄匿」。《十誦律》中記載，唄有五種利益：「身體不疲，不忘所憶，心不疲勞，聲音不壞，語言易解。」這裡佛陀表示，以有旋律的方式誦念經文，不但可以讓身心不疲勞、強化記憶，還有助於理解經文內容。

佛陀的教法是以口傳方式流傳，之後才念誦出來成為文字，如果我們直接念誦梵文佛典，會發現當中具有一種特殊的韻律文體。《高僧傳》記載著名的譯經大師鳩摩羅什曾說：

> 天竺國俗甚重文製，其宮商體韻以入絃為善。凡覲國王必有贊德，見佛之儀，以歌歎為貴。經中偈頌，皆其式也。

天竺指的正是印度，而宮商體韻就好像現代的Do、Ra、Mi、Fa一樣，代表音階。這當中說明了「梵文經典是種有音律的特殊文體，可用來唱誦」。到了後

梵唄的五種利益

在經典還未出現的時期，印度的佛弟子們經常以有旋律的方式念誦佛陀的
教法或讚美佛陀的功德，這種方式稱為「唄」或「唄匿」。佛陀表示，
「唄」有以下五種利益。

3 心不疲勞

2 不忘所憶

4 聲音不壞

1 身體不疲

莊嚴的聲音引人入勝，
唱誦梵唄的好處也多多！

5 語言易解

我等思維……

我等思維……

漢佛教傳入中國，經典陸續翻譯成漢文，這種文體深受中國文人的喜愛，甚至影響了中國文學的發展。因為這種念誦經文和吟唱讚佛的方式來自印度，所以被稱為「梵唄」。

◉中國的梵唄

梵文佛典的文字可以譯成漢文，但是梵語在發音上屬於複音節，而漢語是單音節，因此唱誦的音調無法直接套用。慧皎在《高僧傳》言：

> 自大教東流，乃譯文者眾，而傳聲蓋寡。良由梵音重複，漢語單奇，若用梵音以詠漢語，則聲繁而偈迫；若用漢曲以詠梵文，則韻短而辭長。是故，金言有譯，梵響無授。

有翻譯來的漢文佛典，但是卻無法直接以梵韻唱誦漢文，當時只聽得到以梵語念誦的梵唄。那麼中國是怎麼開始有屬於自己韻律的中國式梵唄呢？

中國梵唄的興起，源自三國曹魏時代七步成詩的著名才子曹植（192-232年）。據載，有一天曹植在魚山（今山東東阿縣境）旅遊，突然聽到空中傳來一陣陣梵唱，清揚哀婉的聲音讓曹植為之沉醉，回去後便摹擬音節撰寫梵唄，開創了「漢語梵唄」的先聲，讓中國不再「無唄可讚」。之後，又陸續有支謙、康僧會、晉帛尸梨蜜多羅、支曇籥……等人撰寫、教授新的漢語梵唄，梵唄從此正式成為中國佛教傳統的一部分。

到了一千五百多年前，晉朝的道安法師（314-385年）認為梵唄具有「止息」功用，如果能夠運用在法會儀式前後，可以幫助止息心中的紛亂，更快融入法會的情境中。於是他進一步制定了念誦的儀文制度，規定不論是講經、早晚課誦、傳授戒律、法事懺悔、誦經……，一切宗教儀式的進行都應該舉唱梵唄。此後，梵唄便和寺院出家眾的日常生活密不可分，成為每天必須進行的修行功課。

中國的梵唄

2 中國開始有韻律誦經的梵唄

曹植（192-232）

1 佛典傳入中國
梵語和中文發音不同，無法以中文唱誦梵唄。

後漢明帝永平年間（西元58-75年）

東晉年間起（223～）

3 漢語梵唄教授
陸續有支謙、康僧會等人撰寫或教授漢語梵唄。

4 梵唄納入寺院定課
道安法師制定念誦儀文制度，正式將梵唄納入寺院定課。

道安法師（314-385）

原來漢代曹操的兒子曹植是中國梵唄的鼻祖呢！

32 梵唄唱誦的音聲經過哪些變化？

印度梵唄的誦念目的，是透過旋律來記憶及傳播教法，因此音階單純。
佛教傳入中國後，隨著時代變遷，梵唄音聲則從莊嚴溫婉轉趨通俗化。

◉從記憶法義走向音聲修行

最初印度梵唄誦念的目的，是透過旋律來記憶及傳播教法，強調的是法義而
不是音聲，因此念誦的音階很單純。如果念誦的是散文，只用幾個簡單的音循
環變化，產生念誦節奏上的抑揚頓挫效果；如果念誦的是讚佛詩偈，就必須符
合嚴格音律，以形成動人的朗誦效果，令內心生起對佛陀的崇敬之情。

佛教初傳到中國時，曹植等人所製作的漢音梵唄，仍然取材佛經文字，再參
照印度梵誦方式，音韻保持「哀婉」，重視莊嚴攝心。到了六朝時期，許多漢
式梵唄創制者，如棉橋和支曇籥都宣稱是來自天神的啟示，也就是「別感神制」
而來的，加上當時有許多誦經感應的故事流傳，於是梵唄快速地流行起來。

梵唄的流行引起重視「聲律」的風氣，許多僧人和文人為誦經而「制唄新
聲」。南朝齊代的陵王君蕭子良，曾記錄及整理當時（489年）流傳的梵唄聲
律，總共有三百多種聲律。《高僧傳》記載，六朝時期有許多僧人以聲音的優
美，能夠喚起大眾的宗教情感，而受到歡迎。此時，梵唄音韻轉為多元，也更
能推廣和普及。

梵唄的功能從原始的「記憶、理解經文」，成為重視「音聲感應」。甚至天台
宗所製作的懺儀《觀普賢菩薩行法經》還指出，不需要打坐，只要一心讀誦經
文，以音聲修行也能入禪定、得見十方諸佛。中國佛教的梵唄唱誦逐漸取代禪
坐的主流地位，並創制許多法會儀軌，成為中國佛教的一大特色。

◉詞曲牌式的通俗化梵唄

為了宣揚佛教，東晉時期盛行一種「唱導」制度。唱導為「說唱教導」的意
思，也就是在法會講解義理時，以一種比較淺近的方法，加入佛經的因緣譬喻
故事，讓一般大眾更容易理解佛教教義。這種「唱導」制度，讓佛教能夠深入
民間，引起一般大眾認同的風氣，也影響梵唄的風格。

梵唄唱誦法的演變

	關鍵人物	目的	聲音特色
記憶法義 (印度時期)	佛陀時期的佛弟子	• 透過旋律記憶、傳播教法 • 強調的是法義，而不是音聲	• 「散文」只有簡單的音循環變化 • 「讚佛詩偈」有嚴格的音律
音聲修行 (三國至六朝時期)	• 曹植等人所製作的漢音梵唄 • 蕭子良整理出三百多種聲律	• 為了誦經而專門「制唄新聲」 • 重視的是「聲律」 • 音聲修行可以幫助入定、得見十方諸佛	音韻哀婉、優美，重視莊嚴攝心。
唱導制度 (東晉、南北朝時期)	梁簡文帝〈唱導文〉、王僧孺〈禮佛唱導發願文〉等	通俗易懂，讓民眾更容易理解佛教教義。	• 以講、唱方式來宣說佛理 • 內容加入佛經的因緣譬喻故事來勸善
詞曲牌梵唄 (唐宋元明時期)	明成祖頒布的《諸佛世尊如來菩薩尊者名稱歌曲》，共收錄2177首。	藉民間流行的曲調來宣揚佛理，以勸社會大眾斷惡修善。	• 套用民間流行的詞牌或曲牌格律 • 增添歡樂氣氛

迄今

梵唄唱誦的音聲經過哪些變化？

在唐宋元明時期，佛教儀式中所使用的佛讚大都從佛經中取材「編寫」，再套用當時民間流行的詞牌或曲牌格律，「倚聲填詞」而成。如現在常聽到的〈爐香讚〉：

〈爐香讚〉

爐香乍熱　法界蒙薰　諸佛海會悉遙聞

隨處結祥雲　誠意方殷　諸佛現全身

這是由六個句子組成的長短句，字數是「四四七五四五」，共二十九字。這是常見的「六句讚」形式，歌詞內容不一樣，但都套用同一個詞格律。

唐朝的道宣律師（596-667年）認為，梵唄借用當時流行的詞曲，是為了啟發前來聽法眾生的根機，「事屬當機，不無其美」。這類的作品，包括淨土宗善導大師（613-681年）制作的〈散花品〉：

散花樂散花樂　奉請釋迦如來入道場　散花樂

散花樂散花樂　奉請十方如來入道場　散花樂

散花樂散花樂　奉請彌陀如來入道場　散花樂

散花樂散花樂　奉請觀音勢至諸大菩薩入道場　散花樂

散花樂散花樂　奉請釋迦如來入道場　散花樂

道場莊嚴極清淨　散花樂

天上人間無比量　散花樂

一般懺悔法會梵唄的迎請，只有「奉請某某（佛名）」，但善導大師加上聲詞「散花樂」，增加了群眾性與音樂性，全偈顯得清新活潑。這種做法似乎在告訴大眾，佛教沒有那麼深奧，梵唄也可以不哀婉，而以一種歡欣、快樂的方式來迎請諸佛菩薩。

五代到明清時期，詞曲牌化的梵唄非常盛行，僧人一方面在寺院內講經說法，另一方面藉由民間流行的曲調來宣揚佛理。對後世梵唄影響最大的是明成祖頒佈（西元1417年）的《諸佛世尊如來菩薩尊者名稱歌曲》。當中收集南北曲調二一七七首，並下令所有民眾學習讚頌，以勸斷惡修善。今天我們所誦的梵唄，大多是那時候流傳下來的。

今日常見的佛讚

常見的佛讚有六句讚、八句讚和特殊結構等三種形式。回想一下，你平日經常唱誦的佛讚是哪一種呢？

六句讚

- 最流行的讚誦格式，結構為四四七五四五，共六句，二十九個字。
- 曲調為〈華嚴會〉。
- 法會前的香讚，以及佛菩薩、韋馱、伽藍等讚詞多是此形式。

例

爐香讚（佛七等法會）
爐香乍熱　法界蒙熏　諸佛海會悉遙聞
隨處結祥雲　誠意方殷　諸佛現全身

淨水讚（灑淨、放生等法會）
楊枝淨水　遍灑三千　性空八德利人天
福壽廣增延　滅罪消愆　火焰化紅蓮

韋馱讚（早課日誦）
韋馱天將　菩薩化身　擁護佛法誓弘深
寶杵鎮魔軍　功德難倫　祈禱副群心

伽藍讚（晚課日誦）
伽藍主者　合寺威靈　欽承佛敕共輸誠
擁護法王城　為翰為屏　梵剎永安寧

天廚妙供讚（佛前大供等法會）
天廚妙供　禪悅酥酡　戶唵蘇嚕薩哩嚩
怛他阿誐多　怛你也他　蘇嚕娑嚩訶

特殊結構

- 曲調來自元曲〈掛金鎖〉。
- 多於誦經之後，法事中間唱誦，又稱大讚。

例

戒定真香讚（新春普佛等法會）
戒定真香　焚起衝天上　弟子虔誠
爇在金鑪放　頃刻氤氳　即徧滿十方
昔日耶輸　免難消災障

八句讚

- 共有八句，字數不定。
- 曲調來自元曲〈柳含烟〉等。
- 多於誦經之後，法事中間唱誦，又稱大讚。

例

彌陀讚（新春普佛等法會）
阿彌陀佛身金色　相好光明無等倫
白毫宛轉五須彌　紺目澄清四大海
光中化佛無數億　化菩薩眾亦無邊
四十八願度眾生　九品咸令登彼岸

彌勒讚（新春普佛等法會）
慈無能勝補處尊　常居兜率演圓因
現身塵剎有誰識　融心法界許彼親
袋中寶藏全傾出　笑顏等付者個人
願偕彌陀垂接引　好令三會證一真

三寶讚（佛七等法會）
佛寶讚無窮　功成無量劫中　巍巍丈六
紫金容　覺道雪山峰　眉際玉毫光燦爛
照開六道昏蒙　龍華三會願相逢　演說
法真宗
法寶實難量　如來金口宣揚　龍宮海藏
散天香　覺者誦琅琊　玉軸霞條金寫字
　似排秋雁成行　昔因三藏取來唐萬古
永敷揚
僧寶不思議　身披三毳雲衣　浮杯渡海
剎那時　赴感應群機　堪作人天功德主
堅持戒行無為　我今稽首願遙知　振錫
杖提攜
三寶廣無邊　僧伽萬德功圓　六年苦行
證金仙　說法利人天　放光現瑞周沙界
天龍八部同瞻仰　千賢萬聖會祇園　結
集永流傳

33 隔壁巷子傳來的誦經聲，也是梵唄嗎？

有的寺院梵唄莊嚴清淨，可能一個字就換很多調，緩慢冗長；有的寺院唱誦卻節奏快速、伴奏熱鬧。這些都是梵唄嗎？而旋律是怎麼來的呢？

●鼓山調與海潮音

　　現今台灣梵唄的旋律，大致可以分為鼓山調和海潮音二大系統。「鼓山調」由早期來台的僧人傳入，以閩南語的唱誦為主。這些僧人法脈傳承出自福建省鼓山的湧泉寺，所以稱為鼓山調。一般本省寺院以此調為主，如台南的開元寺、基隆的靈泉寺。「海潮音」主要是國民政府來台（1949年）後，由外省籍的法師帶來。這些法師多來自江浙地區，特別是傳自江蘇省常州天寧寺，唱誦以國語為主，據傳因為旋律有如海潮的波浪起伏而命名。一些由外省籍的法師創建的寺廟，如佛光山、法鼓山和中台禪寺，梵唄風格都屬於海潮音。

　　大致來說，這兩種系統的基本旋律並沒有很大差別，只是使用的語言、速度和伴奏法器不同，便營造出很不一樣的梵唄氣氛。鼓山調以閩南語發音，進行速度較快，舉行經懺法會時會加入管弦絲竹等具有旋律的樂器伴奏，法會氣氛熱鬧。海潮音則以國語發音，唱念旋律簡單、速度緩慢冗長，只用一般常見的打擊法器敲奏，不使用旋律樂器。因為一個字的音調往往拉得很長，有時甚至長達八拍、十二拍，音調不斷地來回變化，顯得旋律起伏變化、轉折較大。整體法會氣氛莊嚴肅靜，容易令人攝心專注。

　　一般寺廟的梵唄唱誦差距不大，但一些鼓山調系統的經懺或送亡超薦等法事，就感覺很不一樣。這些法事大都是應信眾要求舉行，為了讓大眾感到親切、「逗熱鬧」，會加入一些地方戲曲的唱腔、樂器，甚至請樂師演奏胡琴或電子琴，乍聽之下會讓人以為有歌仔戲演出。加上民間的誦經團或地方宮廟，也有誦經或使用梵唄法器，有時加入擴音器，讓原先應該肅穆的法會變成震天價響，使人誤解梵唄是吵雜、粗俗的，其實這些並不符合梵唄「止息內心」的本義，也和佛教梵唄原有的精神不同。

台灣梵唄的二大唱腔

海潮音 　　　　　　　　　　　　　　　鼓山調

海潮音		鼓山調
1949年傳入，主要傳承自江蘇省常州天寧寺	傳入時間	清末、日據時期，從福建鼓山湧泉寺傳入
國語	唱腔	閩南語
● 旋律簡單 ● 速度緩慢冗長 ● 氣氛莊嚴肅靜，容易令人攝心專注	風格	● 速度較快 ● 法會氣氛熱鬧
只使用一般敲奏法器，不會加入有旋律的樂器	伴奏	一般敲奏法器外，再加入旋律樂器伴奏
● 佛光山 ● 法鼓山 ● 中台禪寺	著名寺院	● 台南開元寺 ● 基隆靈泉寺

隔壁巷子傳來的誦經聲，也是梵唄嗎？

33

34 梵唄是一種音樂嗎？

從八關齋戒的「不歌舞觀聽」來看，佛陀是反對音樂的，那為什麼還會有梵唄？梵唄和音樂到底有什麼不一樣？

◉染污的聲音和清淨的聲音

佛陀指出，「聲音」是令內心生起染污的來源之一，特別是音樂會讓心散亂放逸，妨礙禪修。佛陀在《十誦律》指出音樂的五種過失：

1. 讓自己心生貪著（自心貪著）
2. 讓他人心生貪著（令他貪著）
3. 妨礙禪修（獨處多起覺觀）
4. 增長的貪欲會覆蓋善法（常為貪欲覆心）
5. 造成居士的誤會（如果諸居士聞作是言，諸沙門釋子亦歌，如我等無異）

所以佛陀訂定：「比丘不應歌舞伎樂，也不應往觀歌舞伎樂。」

雖然音樂有這些過失，但如果用在傳導佛陀的教法上，則是「宣唱法理，開導眾心」。佛陀讚揚「唄」（梵唄）的五種利益：「身體不疲、不忘所憶、心不疲勞、聲音不壞、語言易解」。由此可知，梵唄不是普通的音樂，世俗的「音樂」會擾亂修行，屬染污的聲音，為佛陀所反對；而「梵唄」有助於思維憶念教法，是清淨的聲音，為佛陀所允許。

◉以音聲做佛事

梵唄雖然是從唱誦而出，但因為所諷誦的是關於解脫教誨的經典，如《觀世音菩門品》：「妙音觀世音，梵音海潮音，勝彼世間音，是故須常念。」被認為超過世間的任何聲音。在中國佛教中，梵唄甚至是以「音聲做佛事」，透過梵唄的音聲，使人產生清淨的心。特別是在法會儀式中，透過群體的共修力量，營造出一個更寬廣、更清淨的宗教環境與存在。在法器莊嚴的敲奏下，唱誦著緩慢深長旋律的梵唄，或隨文觀想，經驗佛陀的教法，或靜心觀照音聲，專注在唱念的每個當下，個人的身口意三業逐漸得到清淨。梵唄不但是一條通往佛教智慧的道路，也是導引身心獲得清淨的重要實踐。

梵唄是清淨的聲音

梵唄

【特色】佛教的儀式音樂，沒有既定旋律，是清淨的聲音。
【目地】直接體驗、體證佛陀的教法。
【優點】❶ 具五種利益，為佛陀所讚許。
❷ 諷誦的是解脫教誨的經典，超越了世間的任何聲音。
❸ 運用於法會儀式，可以凝聚群體共修。
❹ 修行方法之一，可隨文觀想或靜心觀照，專注在唱念的當下，清淨三業。

清淨的聲音
佛陀贊成

一般音樂

污染的聲音
佛陀反對

【目地】提供個人的娛樂或需要。
【缺點】有讓自己心生貪著、妨礙
禪修等五種過失，會讓心
散亂，屬染污的聲音，為
佛陀所反對。

佛教音樂

度眾弘法

【目地】融入現代社會，以吸引
年輕人及一般大眾。
【優點】引發宗教情感，增加對
佛法的嚮往與皈依心。

現代許多「佛教音樂」的創
作，目的在引發宗教情感，
以傳播佛法。這和「梵唄」
是追求個人親身實踐教法的
修行，可以說是完全不同的
概念。

35 進入寺院，應該注意哪些事情？

寺院是供佛及修行的清淨場所，進出佛門淨地時必須謹言慎行，除了一顆虔敬禮佛的心之外，知禮守禮的恭敬態度更不可少。

寺院是安置佛像及出家僧眾修行的場所，進入之後，自然可以感受到清淨安詳的氣氛，連帶整個人的行為舉止也莊嚴肅穆起來。雖然如此，有時候我們可能因為不熟悉寺院的規律，等到看到別人的動作，才發現：「喔！原來應該要這樣啊！」或是因為自己某個渾然不覺的動作，被他人制止，而感到尷尬不已。

以下介紹一些寺院的常規，如果我們能夠留意這些事情，並以「想要學習」的恭敬心與虔敬態度進入寺院，將更能夠與佛法相應。

- **衣著合宜**：寺院是修行場所，衣著應該以端莊大方得體為宜，原則上不可穿拖鞋、短褲、短裙或顯得暴露的衣服。參加法會，為方便禮佛跪拜，應盡量穿著寬大舒適的衣褲。
- **禁帶葷食**：不可以攜帶魚肉蛋等葷腥物，或是菸、酒、檳榔等入寺食用。
- **言行規矩**：出入寺院請盡量輕聲細語，為了不打擾到常住的僧眾修行，應該在指定的範圍內參訪活動。見到出家師父或在家居士，可以合掌道聲「阿彌陀佛」問候。
- **進入大殿**：大殿的正門通常是留給法會舉行時主法和尚走的，一般信眾應從側門進入。進入大殿之後，必須先禮佛。禮佛時要注意，中央的主拜墊是給住持或主法法師使用，一般居士應該分男左女右，使用兩旁拜墊。這裡說的左右，是指自己面對佛像的左右喔！
- **順時針行走**：大殿是清淨的場所，為了保持莊嚴整齊的氣氛，不論是單純入內禮佛，或法會的圍繞念佛，都是「順時針」行走，也就是右繞。
- **禁敲法器**：寺內的鐘、板、木魚等法器，是為了寺院日常行事敲鳴或法會使用，切勿擅自敲打。此外，寺院的一切用品均屬出家僧團所有，個人沒有得到允許，不可以任意使用或攜出。
- **尊重戒律**：出家法師是依法修行者，持守種種清淨的戒律，因此我們向法師請法時，要特別留意舉止禮儀。女眾要避免和男眾法師單獨一處，男眾也應該避免和女眾法師獨處。

大悲懺法會的空間配置

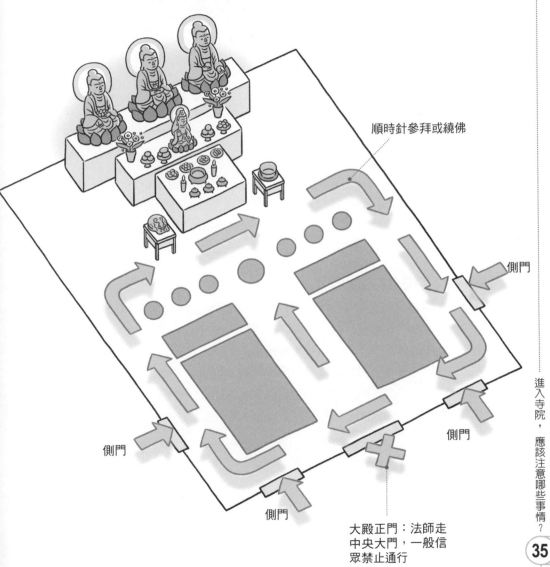

順時針參拜或繞佛

側門

側門

側門

側門

大殿正門：法師走
中央大門，一般信
眾禁止通行

進入寺院，應該注意哪些事情？

35

36 大悲懺法會有哪些成員出席呢？

一場法會舉行是由在家居士和出家法師共同參與，在家居士為了能夠培福修德，會出資護持所需的物資，請出家人主持帶領。

●主法法師、維那法師及悅眾法師

帶領大悲懺法會的法師有主法、維那和悅眾法師。「主法法師」是法會的主持者，一般站在佛桌前中央。一場法會通常需要二到七位法師來協助執掌法器，法師們會站在佛前的供桌左右二旁。站在東單前方第一個位置的法師是「維那」，其他執掌法器的法師則稱為「悅眾」。

法會梵唄念誦由維那法師先獨自領唱「起音」，悅眾法師再引領大眾接腔。如在唱念「南無大悲觀世音菩薩」時，第一句維那法師會先唱「南」字起音，接著大眾從「無大悲觀世音菩薩」接唱。不論禮佛或唱念，法師們對儀軌程序都相當熟稔，彼此非常有默契地互相接替唱誦、敲奏法器。

●法師有不可思議的法力嗎？

一般大悲懺法會是依照一定的儀軌舉行，但是經常參與的人可以發現，不同寺院會有不一樣的感覺，甚至是同一個寺院的不同法師主持，也會有不一樣的感覺。整場法會下來，也許有些人感應特別強烈，就以為主持法會的師父們似乎具有某種神聖的法力，其實這可是一個大誤解呢！如果拿這個問題去問法師，他會告訴你，自己只是法會中帶領唱誦者，如果法會中有什麼樣不可思議的法力，那也是法的力量、梵唄的力量，而不是來自於法師。

不可否認的，法師唱誦梵唄的「功力」確實與其身心狀態有關。修持較高的法師透過領唱的音聲，容易引發共鳴，讓眾人自然融入法會情境之中。因此負責起腔的維那法師，通常會由音質良好、修行較久及通曉儀軌的出家眾擔任。

●在家信眾的角色

參與佛教法會的在家信眾，可以分為齋主、義工菩薩和隨喜者。「齋主」是指發起辦法會的人，如果法會的舉行有特殊祈求目的，例如為了國泰民安或是

大悲懺法會有哪些角色？

出家法師		

主法法師	維那法師	悅眾法師

看得見

在家信眾		

齋主	義工菩薩	隨喜的一般民眾

看得見

無法看見
要觀想

諸佛護法等		

諸佛	諸菩薩	龍天護法

個人特殊祈求，主法法師會在佛前宣疏時，說明法會發起者的姓名、地址和緣由。因為大悲懺法會非常受到歡迎，加上全程只有二個小時，已經是許多道場每週或每月固定舉行的法會，不太會是由某位齋主特別出資舉行，所以只要是隨喜出資的信眾都是齋主。

法會中可以發現許多熱心的師兄姐幫忙發放經本、擺放拜墊，或在儀式中引領大眾、準備齋飯等等。這些發心幫忙的人，一般稱為「義工菩薩」，這裡的「菩薩」是指願意貢獻心力去幫忙他人的「初發菩提心菩薩」。經常聽到法師們稱在家居士「菩薩」，這是鼓勵大眾雖然目前只是初發心，但是有這樣為他人服務的利他心，便是進入大乘門的菩薩。

佛教講求眾生平等，廣開方便之門，即使沒有出資、出力的大眾，也很歡迎「隨喜」參與。隨喜是指隨之參與、心生歡喜的意思。為了讓整場法會能夠營造出莊嚴感，通常都會規定參與的居士要換穿海青入場；如果沒有準備，可以在法會開始前向寺方預借。

◉大拜懺法會裡有哪些佛菩薩降臨？

佛教的任何法會或儀式，都必須佛、法、僧三寶俱足。在大悲懺法會中，「僧」是指出家法師們，「法」是指《大悲懺本》，那麼佛呢？這裡的「佛」是指懺本中迎請的諸佛、菩薩、賢聖們。翻開懺本可以看到，法會將迎請的有：

1. **諸佛**：釋迦牟尼佛、阿彌陀佛、千光王靜住世尊、過去九十九億殑伽沙諸佛、過去無量劫正法明世尊、賢劫千佛三世一切諸佛世尊。
2. **諸菩薩**：觀世音菩薩、大勢至菩薩、總持王菩薩、日光菩薩、月光菩薩、寶王菩薩、藥王菩薩、藥上菩薩、華嚴菩薩、大莊嚴菩薩、寶藏菩薩、德藏菩薩、金剛藏菩薩、虛空藏菩薩、彌勒菩薩、菩賢菩薩、文殊師利菩薩、十方三世一切菩薩。
3. **賢聖眾**：摩訶迦葉等無量無數的大聲聞僧、法智大師。
4. **護法眾**：善叱梵摩、瞿婆伽天子護世四王、天龍八部、童目天女、虛空神、江海神、泉源神、河沼神、藥草樹林神、舍宅神、水神、火神、風神、土神、山神、地神、宮殿神、守護持咒的一切天龍鬼神各及眷屬。

參與大悲懺法會的成員

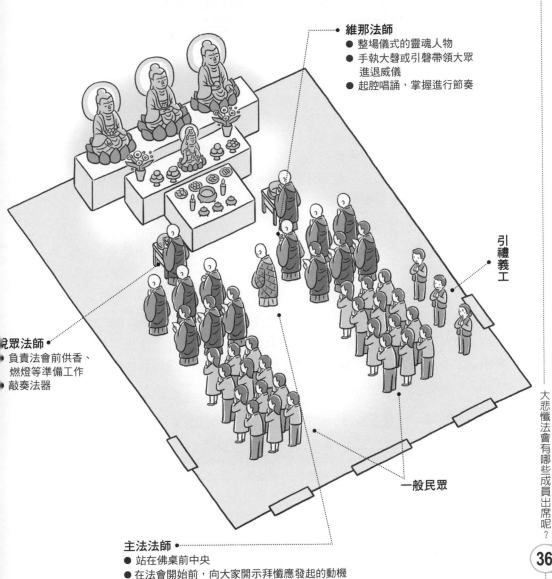

維那法師
- 整場儀式的靈魂人物
- 手執大磬或引磬帶領大眾
  進退威儀
- 起腔唱誦,掌握進行節奏

引禮義工

悅眾法師
- 負責法會前供香、
  燃燈等準備工作
- 敲奏法器

一般民眾

主法法師
- 站在佛桌前中央
- 在法會開始前,向大家開示拜懺應發起的動機
- 代表全體在佛前捻香、上香
- 法會圓滿後向諸佛菩薩宣讀文疏等

大悲懺法會有哪些成員出席呢?

36

37 大悲懺法會使用的法器有哪些？

法會過程動作不外站立、問訊、長跪和五體投地的禮拜，要如何知道什麼時候應該立、應該跪、應該拜呢？仔細留意，可以發現這些動作是跟隨法器決定的。

◎法器是「天龍耳目」

廣義來說，凡是寺院所使用的器具，不論是用於莊嚴道場、供養諸佛、梵唄讚佛或生活器具等都可稱為法器。但狹義而言，則專指法會上使用的梵唄法器。梵唄法器原來稱為「犍槌」，是僧團召集眾人的「信號」，之後才用於法會儀式中。雖然法器是用來伴奏梵唄的念誦，但是只能敲擊發聲，不具旋律，目的在於提醒參與者念誦經文的速度，或是應該做什麼動作。

平常法器不能隨便敲打，可不是怕發出噪音，而是因為法器的敲奏和佛法有關，它們的音聲被視為是清淨、神聖的，具有不可思議的特殊力量。一旦敲打法器，就代表法會要開始了，此時法界許多擁護佛法的龍神諸天等護法善神，就會聚集起來護持。所以，法器還有另一個浪漫的稱呼——「龍天耳目」。

對出家僧人而言，正確敲打法器是一門嚴謹周密的功課，剛開始練習時，為了避免龍天護法們白跑一趟，在敲打前都會先念：「弟子眾等，練習法器，諸神免參。」等到正式上佛殿敲奏法器時，就要凝神屏氣、全神專注；萬一分神敲錯了，還必須在佛前禮拜以示懺悔呢！

什麼是大悲水？大悲水有什麼功效？

「大悲水」是指以大悲咒加持過的淨水。一般大悲懺法會通常會準備瓶裝水，透過法會的持咒加持，這些淨水轉變為大悲水，在法會結束後分送給大眾。據《大悲心陀羅尼經》記載，希望能夠長生安樂的人，對著淨水、食物、香、藥等持誦大悲咒 108 遍，食用後可以健康長命。

今日已經有許多的科學實驗證明，以思想及情感灌注在某樣東西時，確實可以改變其分子結構。因此，眾人以至誠心持咒，淨水灌注了大悲咒的力量，轉化成具有治病延壽、消災解厄等功效的大悲水；飲用大悲水也等於得到觀世音菩薩願力加持，自然產生不可思議的相應功效。

法會上使用的梵唄法器（之一）

大悲懺法會常見的梵唄法器，包括圓磬、引磬、木魚、鐘、鼓、鐺子和鈴子，下面會一一詳細介紹。

法器擺設的位置

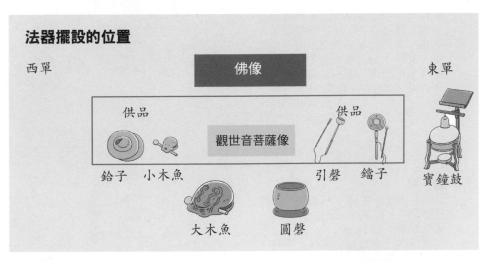

圓磬

圓磬

又稱「大磬」，缽形金屬物，用木棒敲擊出聲。擺在大殿佛桌右側的大型圓磬，口徑約為60-90公分，而放於佛桌上的小型圓磬則約30公分。圓磬可以說是所有敲擊法器的主腦，主要用來指揮法會中唱誦的起腔、收腔、合掌、放掌或念誦佛號等。

圓磬

引磬

又稱「小手磬」，狀似小碗的銅製物，附在木柄上，以方便手執敲擊。「引磬」大都用在問訊、轉身、禮拜等動作，以敲擊聲音來引領大眾。

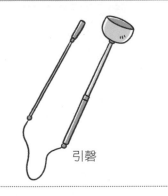

引磬

木魚

又稱「魚鼓」、「魚板」，外表刻有魚鱗，腹部中空，主要用於誦經或禮佛。有大型和小型之分，一般念誦經文時，會敲奏大型木魚；而小型木魚則是來回圍繞（經行）念誦佛號時，拿在手中敲奏。

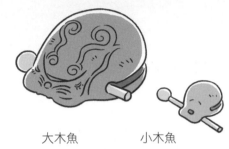

大木魚　　　　　小木魚

鐘、鼓

梵唄唱誦用的是中、小型鼓，放置於鼓架中，如果旁邊配以「吊鐘」，就合稱為「寶鐘鼓」。此外，通常在唱誦到「三皈依」或讚、偈時，會配合引磬使用。鼓大都採矮桶式造型，寺院中還有一種比較大型的鼓，懸掛在佛殿簷角，通常是在大型法會開始時，為了召集及通知大眾而敲打。

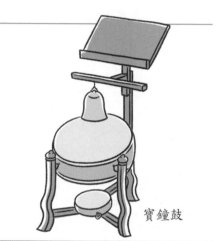

寶鐘鼓

鐺子、鉿子

鐺子和鉿子是唱誦讚偈時，常見的搭配法器，用以增添熱鬧、歡愉的氣氛。「鐺子」狀似小銅鼓，四周留有小孔，以細繩綁在圓形邊框上，再以捶擊工具敲奏出聲。「鉿子」即「鐃鈸」，由二片銅製圓盤組成，中間以布條穿過，方便兩手持用。

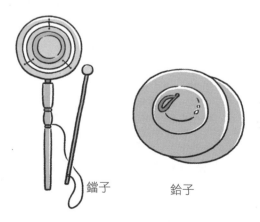

鐺子　　　　　　鉿子

一般拜懺者持的供具

大悲懺法會，在每個拜懺者的桌前會準備兩種供具，作為迎請諸佛菩薩及供養觀想使用。

手爐

用手執持，方便行動中使用的香爐。一般於「迎請諸佛」時觀想使用，迎請時爐頭插香，雙手執於爐柄，爐柄常見有龍身、魚身、蓮花或如意等吉祥造型。

手爐

香花盤碟：

小碟盤上置檀香數片及鮮花數朵。念誦「嚴持香花，如法供養」時，以左手拇指、食指、小指托碟，中指、無名指曲入掌中；右手則食指、中指置於碟邊，拇指將無名指、小指捻曲在掌下。舉碟時高與眉齊，捧持供養。

香花盤碟

木魚為什麼稱木「魚」，而不是木牛或木龍呢？

傳說是這樣的：有個僧人因為觸犯戒律，死後變成一隻背上長棵樹的大魚。這隻木魚受到樹的浮力，在水面上終日漂流，每當風吹起時，背上搖動的樹，都會讓背流血不止。一天，他的師父搭船渡海，憐憫他受到的痛苦，答應會幫助他。回去後，為了能夠讓大魚升起懺悔之心，特別設立水陸法會超拔。當晚師父就夢到大魚，說他已經脫離痛苦的魚身，願意把身上的樹供養給寺院。師父於是把樹刻成魚形懸掛，在僧團大眾集會時敲擊，以警惕大家應該努力行持。

我們應該學習魚兒終日不閉眼睛的精神，努力精進修行呢！

37

38 大悲懺法會要注意的動作及禮儀有哪些？

法會中不斷重複著跪拜、供養、唱誦，行禮如儀的這些儀式都是祖師大德的精心設計，蘊含著深刻的佛教義理。

法會是集體的共同修行，不論是供具、法器，或信眾的跪拜、供養、唱誦等，所有儀式的設計安排都是依據佛教義理而開展，以具體的事物來展現佛法抽象、深遠的內涵。大悲懺法會的觀想儀軌，是以《華嚴經》的「一即一切、一切即一」為思想基礎，雖然在法會中觸及的只是有限的法壇、簡單的敲奏法器、清淨單純的唱誦，但實際上一旦開始敲打法器、唱誦梵音，法會現場就會轉化為一個縮小版的法界，與無窮無盡的法界互攝互融。

希望拜懺能夠功德圓滿，身心與諸佛菩薩相應，就必須在儀式進行當下全身全心投入，隨著《大悲懺》本所設計的內容禮拜、轉身、繞行、唱誦等，如此才能夠讓我們每個起心動念、一舉手一投足，都和無窮無盡的法界與自我清淨本性相應，而達到清淨身口意三業的懺悔目的。因此，如果能盡其所能地熟悉及瞭解法本中的儀禮，將會讓我們更容易融入法會所要營造的情境當中，達到最好的拜懺效果。

另外，對於參加拜懺的在家居士來說，除了想透過拜懺儀式來悔罪消愆之外，這也是對自我修行的一種考驗。在行禮如儀的動作中，如果犯了儀軌上的錯誤可能會妨礙他人懺悔，而個人的唱誦更可以反應出當下的心理狀態，這也會影響其他人。因此，拜懺時應該特別注意，切勿因自我的言行而隨意擾動周遭參加者的心思。

大悲懺法會應該認識的禮儀

排班、出班

為了讓法會能在莊嚴肅靜中進行，拜懺民眾要先在殿外排好隊伍，再依序進入大殿。「排班」是指法會開始時，民眾排隊依序進入大殿；「出班」則是法會結束後，大眾依序次第從大殿離開。

合掌、放掌

「合掌」又稱合十，兩掌十指合併置於胸前（不可中空彎曲），以集中心思，表達內心的恭敬。

問訊

佛門中經常使用的禮敬方式之一，一般是在禮拜前後使用。方式為先當胸合掌，再彎腰點頭禮敬，彎腰時雙手自然交叉於腹部（左手在下、右手在上），起身時結手印舉到眉間，最後再合掌、放掌。手印為左手在外、右手在內，食指相對（如圖所示）。

手持懺本的問訊方式

如果手持懺本要問訊時，為了表示對懺本的尊重，不需要彎腰點頭，只要將經典從胸前提高至齊眉就可以了。

禮拜、拜

禮拜又稱「頭面接足禮」。首先合掌問訊，拜下時雙腳不離開原來的位置，右掌先放在拜墊的中央，左掌再放在拜墊的左前方，接著右掌再置於右前方與左掌對齊。拜下時，頭貼著拜墊，兩掌同時向上翻，此時可以觀想諸佛菩薩就在前方，以虔敬謙卑的心來迎請佛足。起身時和前面步驟相反，依序而起。一般做法是先問訊，接著三次禮拜，再以問訊結束。

手持懺本禮拜方式

持經禮佛時，以左手夾著懺本，其他禮拜方式同前。注意：為表示對懺本的恭敬，盡可能不讓懺本碰到拜墊。

轉身向上

「上」指的是佛像的方向，所以這裡指轉身向佛像的位置。

經行

法會儀軌到持誦「大悲咒」時，會以經行方式進行。也就是以右繞方式緩慢步行，專注地以身、口、意念誦「大悲咒」。

大悲懺法會要注意的動作及禮儀有哪些？

38

㉟ 如何看懂懺本上的法器符號？

大悲懺本的懺文右側有些圈圈、三角形的符號，這些符號有些是代表法器的敲奏，有些代表的是跪拜、合掌等儀軌動作。

　　法會所使用的課誦本旁，都會標示著法器和節奏的符號，稱為「板眼」。不像現代音樂的五線譜，板眼沒有複雜的旋律記號，只使用一些簡單的符號來記譜。許多人初聽梵唄會覺得很奇特，為什麼有些字的音調拉得很長，有時甚至長達八拍、十二拍。

　　這是因為梵唄音聲的目的是「宗教修行」，希望能夠引發參與者的宗教經驗或情感，所以具有持續性、圓融性、互補性（法器和人聲間的互補），因此可能光一個字就含有不同的音不斷地來回變化。如果不是看著儀軌本念誦或預先就知道內容，往往聽不出唱誦的字句，也不熟悉應該如何跟唱。

　　數百年來，寺院梵唄的唱誦方法和法器的執持敲奏，並沒有特別的教本可供學習，而是採用口傳心授的方式，看著課誦本上的板眼，專注聆聽、用心學習。如果長期參與法事，逐漸就能體會唱誦的快慢、高低、強弱，長久下來自然能朗朗上口。初入門者可以留意這些符號，再用心聆聽，慢慢就能跟得上法會儀式念誦的節拍。

板眼所代表的法器及儀軌動作等符號說明

儀軌凡例	法器	什麼時候會用到？
◎	大磬	起腔、收腔、合掌、放掌、念誦佛號等等
△	按大磬	起腔
○	引磬	問訊、轉身、禮拜的動作

儀軌凡例	儀軌動作
∟	跪
—	拜
∣	拜起
、	問訊
⊘	注香
艸	合掌
＋	齊舉

看懂大悲懺本的懺文符號

如何看懂懺本上的法器符號？

39

粗體大字為念誦的懺文

△表示「按磬」，聽到按磬就知道要起腔了。

懺文的句讀

細體小字為懺文的夾註。提醒拜懺者此時的動作，或者應該隨文觀想的內容。

◎表示敲「大磬」，聽到大磬聲就知道要收腔了。

一切恭謹。（和 衆隨）

一心頂禮十方常住三寶（爐主者舉 拜起問訊置）

是諸衆等各各胡跪嚴持香華如法供

養（念華字捧盤 齊眉衆同學）願此香華雲徧滿十方

界一一諸佛土無量香莊嚴具足菩薩

道成就如來香。（首句 衆同學）

我此香華徧十方。（執至爐徧字數散花運云置 盤）以為微妙光明

臺。諸天音樂天寶香。諸天肴膳天寶衣。不可思議妙

法塵。一一塵出一切塵。一一塵出一切法。旋轉無閡

互莊嚴。徧至十方三寶前。十方法界三寶前。悉有我

身修供養。一一皆悉徧法界。彼彼無雜無障閡。盡未

來際作佛事。普熏法界諸衆生。蒙熏皆發菩提心。同

40 成功拜懺要過哪四關？

拜懺能否收到效果，在於能否有效投入。「投入」包括拜懺之前、拜懺當下和拜懺之後，否則參加法會就成了例行性活動，對長遠生命提升沒有實質幫助。

●真實的懺悔不是只拜懺持咒

翻開《大悲懺》的懺本，可以看到描述持誦「大悲咒」的諸種功德，如「永離惡道，得生佛前；無間重愆，纏身惡疾，悉能消除；求願皆令果遂；速獲三乘，早登佛地……」。對於這些殊勝的功德，也許有人會誤會，以為只要念誦，那麼重罪就可以全部消掉，這些殊勝的功德可以得到，一切看起來似乎很容易。其實經典所說禮拜、持誦的種種殊勝，如果從觀世音菩薩自身的功德力來說，確實是有這些效果；但對我們來說，這樣的力量屬外在的緣，而自己有沒有去做，那是另一回事。就好像遇到一個很好的老師，已經有好的外在條件了，但是可不可以和他學得好，那就是自己的問題。否則佛陀也不用開示那麼多修學的方法，只要教導眾生念佛號或持咒就好。

●四種懺悔力之一──破壞力

印度寂天法師在《入菩薩行論》中談到，我們必須具備有「破壞力、依止力、對治力、遮止力」等四種力，懺悔才能夠產生真實的功效和功德。

首先是「破壞力」，我們必須對從無始以來直到今生，因為無明愚癡所犯下的一切罪業，在諸佛面前坦白懺悔，將這些惡業破壞掉。現在我們因為瞭解佛法的因果法則，知道「過去所做的種種惡業，將來會感到許多痛苦」，內心因而生起慚愧、追悔之心。《大悲懺》所懺悔的有「十惡五逆、謗法謗人、破齋破僧」等等重罪，也許我們今生並沒有造過這些極重的罪業，但是為了未來的修學順利，要先將這些過去生可能犯下嚴重、危險的業先懺除掉。

●四種懺悔力之二──依止力

懺除、破壞過去的惡業之後，從今日開始下定決心，要依止佛、法、僧三寶，依教而行。雖然懺悔了，但如果沒有依止的話，就無法知道正確的方向，

成功拜懺有四關

印度寂天法師（約650-750年）曾經談到，我們必須具備「破壞力、依止力、對治力、遮止力」等四種力，懺悔才能夠產生真實效果。

圓滿的懺悔

第四關 防護力

警覺、精進，下定決心「不會再犯」
下決心的力量夠強大時，就不會再造新的惡業。

第三關：對治力

以大悲咒有效「對治」罪業，不再造作新業
藉由念誦大悲咒語的力量降伏煩惱，對治罪業。
接著再融入「思維空性」的理觀拔除罪根。

第二關：依止力

生起依止三寶的信心
透過清楚思維佛、法、僧三寶恩德，依止三寶，
時時提醒自己可以一步步地戒除惡習，遠離犯錯。

第一關：破壞力

慚愧、追悔過去的惡業
懺悔無始以來無明愚癡所犯的一切罪業，將這些惡業破壞掉。

40

185

原先造作惡業的習氣如果還在，很容易就會再犯。現在靜下心來，思維三寶對於自己的好處與幫助，內心逐漸生起依止、依靠的信心。依著這樣的信心，讓我們知道「我已經在諸佛面前懺悔，絕不能再犯」，諸佛（佛寶）會隨時在面前幫助我們，身旁又有善知識（僧寶）可以請教學習，內心有了正確的方向，便能依著佛陀的教法（法寶）去做。

◉四種懺悔力之三──對治力

罪業經過懺悔得到清淨，懺悔的心也有了方向，但是自己內心的貪、嗔、癡三毒還未盡除，原有的煩惱、習氣也都還在。所以接下來是直接面對煩惱，有效地「對治」。我們無始以來的煩惱就像個沙場老將一樣，不能只是一味地避開，還必須有足夠的力量和它對抗，想辦法把它降伏，甚至是徹底地連根拔除，否則前面的惡業懺悔了，後面新的惡業又起。

佛陀展開許多教法，就是要教導我們對治內心煩惱。《大悲懺》所運用的教法，就是以發起和觀世音菩薩一樣的菩提心來持誦「大悲咒」，以咒語的力量降伏煩惱障礙，接著再融入「思維空性」的理觀，思維「我」和「我過去所造惡業的對象」都不是獨立存在的，「惡業」本身也不是獨立存在，當去除執著的妄心，罪業沒有了依附，罪根也就能徹底拔除。

◉四種懺悔力之四──防護力

懺悔過後，內心不放鬆，繼續精進，下定決心不再犯和過去一樣的錯誤，這就是「防護力」。假如你帶有某種惡習性，當又面對過去造惡業的情境時，若內心能馬上生起警覺防護，就不會再犯。所以除了仰仗觀世音菩薩的救護外，自己的內心也應該生起「我不要再犯」的力量；當下決心的力量夠強大時，就不會再繼續造新的惡業。如果內心並沒有生起這樣的「防護力」，那麼每次參加懺悔法會就成了例行性的大拜拜，對長遠生命提升沒有真實的幫助。

這四力都能俱足，不只是懺除我們過去的罪業，還能夠防護未來不再造相同的罪業。

理觀可以完全懺除罪根

當以理觀懺悔時，因思維「我」及「我所造惡業的對象」都本無實體，非獨立存在，而去除執著的妄心，所依附的惡業也就消失了。

例如：過去殺了某人

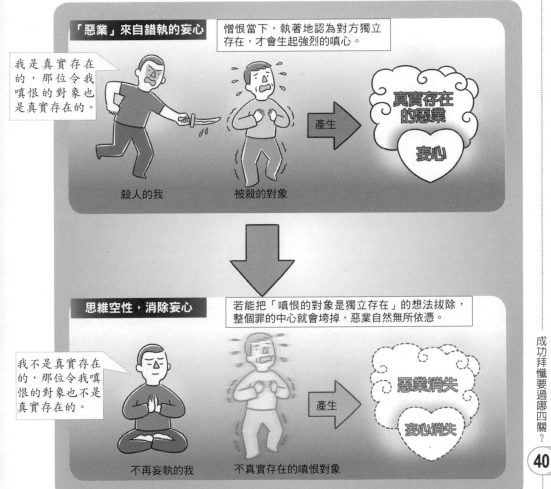

「惡業」來自錯執的妄心

憎恨當下，執著地認為對方獨立存在，才會生起強烈的瞋心。

我是真實存在的，那位令我瞋恨的對象也是真實存在的。

殺人的我　　　被殺的對象

產生

真實存在的惡業

妄心

思維空性，消除妄心

若能把「瞋恨的對象是獨立存在」的想法拔除，整個罪的中心就會垮掉，惡業自然無所依憑。

我不是真實存在的，那位令我瞋恨的對象也不是真實存在的。

不再妄執的我　　　不真實存在的瞋恨對象

產生

惡業消失

妄心消失

41 爲什麼要參加大悲懺法會？

修行方法有很多種，也許有人認爲不一定要參加儀式。其實參與宗教儀式，如《大悲懺》這類共修的懺悔法會，是具有修行不可取代的功能！

我們是不是常在大吃一頓後，才懊悔不該這樣傷了身體？或是不是對著孩子發了一頓脾氣後，才後悔沒能按捺住情緒？或在做了某件事、說出某句話後，才發現自己爲何那麼愚蠢，老是做些損人不利己的事？仔細檢查我們自己所做的事、所說的話、腦中思維的事，似乎擺脫不了貪心、瞋心、癡心，由不了自己作主。到底如何才能像佛教故事裡的祖師大德們一樣，在會發生貪心的地方可以不貪，會生氣的時候可以不生氣，遇到事情時能夠做出對他人、自己都最有利益的抉擇呢？

●轉變，需要一場儀式

佛陀告訴我們，如果希望自己面對事情的方式不再一樣，能夠有效地自我更新，那麼最好的方式就是時時懺悔。懺悔不是只在心中懊悔而已，而是必須對自己所犯的錯誤坦然承認，如理追悔及有效對治，並且依止三寶的力量，下定決心不再犯。在原始佛教教團中，佛陀爲了能夠讓弟子們懺悔過錯，會定期舉行如「布薩」或「自恣日」等的懺悔儀式。透過懺悔儀式，清除內心的髒垢，仰仗佛力重新出發。經由內心的深刻反省，將會對自己重新定義，也對未來重新調整方向。

「諸佛善權方便，立悔罪之儀」，一場兩個小時的大悲懺法會，參與者在時而緩慢、時而輕快的梵唄聲中，身體不斷變換各種動作，或站或拜或長跪，透過在佛前虔誠地持誦「大悲咒」，以觀世音菩薩的大悲願力來淨化自己的身心。希望能夠依靠觀世音菩薩的慈悲力量，讓自己內心的煩惱以及外在修學環境的磨難，都能因懺悔而消除；自己和他人的修持和弘願都能圓滿成就。如理懺悔之後，回到日常生活中，將可以發現自己正以一種全新的方式及思維從事原來的活動。

參與拜懺，人生重新出發

過去的我 對內心的貪嗔癡沒有招架能力

貪心	嗔心	癡心

參加大悲懺法會

自我更新 參加拜懺，持誦「大悲咒」淨化身心

口誦經	身禮拜	意觀想

清淨的我 帶著平靜、清淨的心，回到原來的生活

●開始覺察內心生起的貪欲，
偶爾可以降伏這些貪欲。

●以觀世音菩薩的大悲心面對生
活，比較能控制自己的嗔心。

●能善觀緣起，以無所執著的
智慧方式過生活。

透過一次次的拜懺來
轉變心性，將觀世音
菩薩的大悲精神落實
在生活上，感到生命
愈來愈美好。

41

參考書目

經典古籍

· 伽梵達摩譯,《千手千眼觀世音菩薩廣大圓滿無礙大悲心陀羅尼經》,《大正藏》(全名《大正新修大藏經》)第20冊1060經。(轉引自CBETA電子佛典集成)

· 曇無蜜多譯,《佛說觀普賢菩薩行法經》《大正經》第9冊277經。(轉引自CBETA電子佛典集成)

· 四明知禮集,《千手眼大悲心咒行法》,《大正經》第46冊1950經。(轉引自CBETA電子佛典集成)

· 讀體刪文重纂、寂暹補像校梓,《千手千眼大悲心咒行法》,《卍新纂續藏經》第74冊1480經。(轉引自CBETA電子佛典集成)

· 民國初年編,《大悲懺儀合節》,無出版資訊。

· 釋智顗撰,《法華三昧懺儀——法華三昧行事運想補助儀禮法華經儀式》,《大正藏》第46冊1941經。(轉引自CBETA電子佛典集成)

· 釋湛然撰,《法華三昧行事運想補助儀》,《大正藏》第46冊1942經。(轉引自CBETA電子佛典集成)

· 釋宗曉編,《四明尊者教行錄》,《大正藏》第46冊1937經。(轉引自CBETA電子佛典集成)

· 釋智旭,《千手眼大悲心咒行法辯訛》,收錄於《大藏秘要》,台北,自由出版社,民國73年10月再版。

· 釋智旭,《禮拜觀想偈略釋》,收錄於《大藏秘要》,台北,自由出版社,民國73年10月再版。

· 釋智旭,《入法性觀禮佛門》,收錄於《大藏秘要》,台北,自由出版社,民國73年10月再版。

· 釋智旭,《懺壇軌式》,收錄於《大藏秘要》,台北,自由出版社,民國73年10月再版。

工具書(資料庫光碟版)

· 中華電子佛典協會,《CBETA 電子佛典集成Feb. 2008》(CBETA讀經器V3.7),台北,中華電子佛典協會,2008年2月。

· 釋慈怡主編,《佛光大辭典》,電子版第二版,高雄,佛光出版社,2000年4月。

· 中華佛教百科全書編輯委員會編,《中華佛教百科全書》(光碟版),中華佛教百科文獻基金會,2001年。

書籍

· 弘學著,《千手千眼觀世音陀羅尼經疏註》,四川:四川出版集團巴蜀書社,2006年。

· 宗喀巴造、釋法尊譯,《菩提道次第廣論》,福智之聲出版社,1995年再版。

· 林光明著,《認識咒語》,台北市:法鼓文化,2000年。

· 林光明編註,《大悲咒研究》,台北:迦陵,1994年。

· 宗薩欽哲仁波切著,楊憶祖、馬君美、陳冠中譯,《佛教的見地與修道》,台北市:眾生文化出版,1999年。

· 洪啟嵩著,《如何修持大悲心陀羅尼經》,台北市:全佛文化出版,2004年。

· 索南堅贊恭達格西著,《藏傳佛教實用觀想秘法》,台北:唵阿吽出版社,2000年。

· 袁了凡原著、王潮音整理,《了凡四訓》,彰化:了凡弘法學會,2005年。

· 新田雅章著、涂玉盞譯,《天台哲學入門》,台北:東大出版社,2003年。

· 葛印卡老師講,《生活的藝術》,台北市:佛陀教育基金會,2003年。

· 賴信川著,《一路念佛到中土:梵唄史談》,台北市:法鼓文化,2001年。

- 釋大睿著，《天台懺法之研究》，台北市：法鼓文化，2002年。
- 釋昭慧著，《如是我思》，台北：法鼓文化，2002年。
- 釋聖凱著，《中國佛教懺法研究》，北京：宗教文化出版社，2004年。
- 釋聖凱著，《無悔人生：佛教懺悔觀》，北京：宗教文化出版社，2005年。
- 釋慧岳編著，《天台教學史》，台北：財團法人佛陀教育基金會（中華佛教文獻編撰社），1993年。
- 釋聖嚴著，《戒律學綱要》，台北：東初出版社，1994年（12版6刷）。
- 釋聖嚴著，《聖嚴法師教觀音法門》，台北：法鼓文化，2005年。

論文

- 高雅俐，《從佛教音樂文化的轉變論佛教音樂在台灣的發展》，國立台灣師範大學音樂研究所碩士論文，1989年。
- 高雅俐，〈從「展演」觀點論音聲實踐在台灣佛教水陸法會儀式中所扮演的角色〉，《臺灣音樂研究》第一期，頁1-28，2005年10月。
- 高雅俐，〈鼓山音的「想像」：觀點論音聲實踐在台灣佛教水陸法會儀式中所扮演的角色〉，《台灣音樂研究》第一期，頁1-28，2005年10月。
- 財團法人佛光山文教基金會主編，《1998年佛學研究論文集：佛教音樂》，台北：佛光文化，1999年。
- 財團法人佛光山文教基金會主編，《2000年佛學研究論文集：佛教音樂2》，台北：佛光文化，2001年。
- 陳玉美著，《天台智顗法華三昧懺儀之研究》，華梵大學東方人文思想研究所碩士論文，2001年。
- 張家禎著，《大悲懺法之研究》，玄奘人文社會學院宗教研究所碩士論文，2000年。
- 張杏月著，《台灣佛教法會——大悲懺的音樂研究》，文化大學藝術研究所碩士論文，1994年。
- 賴信川著，《魚山聲明集研究：中國佛教梵唄發展的考察》，華梵大學東方人文思想研究所碩士論文1999年。
- 國立傳統藝術中心、國立台灣藝術大學等主辦，《國際宗教音樂學術研討會論文集——宗教音樂的傳統與變遷》，台北：國立傳統藝術中心，2004年。

網路及影音資料

- 釋惠空著，《懺悔析義》，慈光禪學院網站：http://www.fozang.org.tw/digest_1_1.htm。
- 釋惠敏主講，《梵音大悲懺修學—慈悲與勇氣》DVD，2005年12月出版。
- 釋淨界主講，《懺悔法門》，佛陀教育基金會影音集成網站：http://www.budaedu.org/ghosa/C033/。
- 釋智中主講，《千手千眼大悲懺講解》，佛陀教育基金會影音集成網站：http://www.budaedu.org/ghosa/C030/。
- 釋心宏主講，《法華三昧的六根懺悔》，佛陀教育基金會影音集成網站：http://www.budaedu.org/ghosa/C002/index.php?lecrno=L00049&pagenocag=1&cagno=C002。
- 釋日常主講，《菩提道次第廣論》，南加福智法人網站：http://www.gelsociety.org/bwsc/index.php?option=com_wrapper&Itemid=57。
- 雪歌仁波切主講，《認識三十五佛》，四諦講修佛學會網站：http://blog.yam.com/denpashi/article/1367541#comment1208674430。

國家圖書館出版品預行編目資料

圖解版大家來拜大悲懺！ ／ 李坤寅作. -- 臺北
市：橡實文化, 大雁文化, 2009.12
　　面： 公分.

　　ISBN 978-986-6362-04-0（平裝）

　　1.懺悔　2.佛教儀注 3.問題集

224.4022　　　　　　　　　　　　　　98018131

圖解系列 BB2003

大家來拜大悲懺！

作　　　者	李坤寅
策　　　劃	顏素慧
執行主編	莊雪珠
美術編輯	曹秀蓉
插　　　畫	青艸圓設計
封面設計	張淑珍

發 行 人	蘇拾平
總 編 輯	蘇拾平
副總編輯	于芝峰
主　　編	田哲榮
業　　務	郭其彬、王綬晨、邱紹溢
行　　銷	陳雅雯、張瓊瑜、蔡瑋玲、余一霞
出　　版	橡實文化 ACORN Publishing
	台北市10544松山區復興北路333號11樓之4
電　　話	02-2718-2001
傳　　真	02-2715-1258
信　　箱	acorn@andbooks.com.tw
發　　行	大雁出版基地
	台北市10544松山區復興北路333號11樓之4
	電話：02-2718-2011 傳真：02-2718-1258
	讀者傳真服務：02-2375-5637
	讀者服務信箱：andbooks@andbooks.com.tw
	劃撥帳號：19983379；戶名：大雁文化事業股份有限公司

印　　刷	成陽印刷股份有限公司
初版一刷	2009年12月
初版三刷	2016年10月
定　　價	320元

ISBN　978-986-6362-04-0